LE CONTRASTE DES ROIS,

Ou les Vies des plus fameux Tyrans & des Princes les plus cruels, opposées à celles des Rois bienfaisants ou peres de leurs Peuples.

PRÉMIERE PARTIE.

AMSTERDAM.

M. DCC. LXXXV.

LE CONTRASTE
DES ROIS,

Ou les Vies des plus fameux Tyrans & des Princes les plus cruels , opposées à celles des Rois bienfaisants ou peres de leurs Peuples.

NEMROD.

CE Prince , qui passe commu-
nément pour avoir été le premier
Roi du monde , doit être aussi

Premiere Partie.　　　　A

regardé comme le premier Tyran. Ce nom lui convient, pour
avoir ufurpé fur des Peuples
libres un pouvoir abfolu, & avoir
fait de fes Concitoyens autant
d'efclaves foumis à fes volontés. Dans ces premiers temps
les hommes, fans prétentions, vi-
voient dans un état d'égalité qui
les rendoit heureux. Il n'y avoit
alors ni rang fupérieur, ni rang infé-
rieur entre les Citoyens; ils étoient
tous égaux : tous étoient unis
par l'intérêt commun, ou fi quelqu'un venoit à commander aux
autres, c'étoit moins par droit
de puiffance, que par droit d'autorité. Nemrod dérangea ce bel
ordre; il oublia qu'il étoit homme
en voulant s'élever au-deffus des
autres. Dès-lors fon ufurpation
devint odieufe & tyrannique. Il
employa la force pour fe main-

tenir dans sa nouvelle domination, & son pouvoir fut fondé
sur le droit du plus fort ; mais
comme ce droit illégitime alors,
est devenu par la suite des temps
un droit juste, légitime, & même
sacré, nous ne parlerons après
Nemrod, que des Princes qui se
sont le plus distingués des autres
par leurs cruautés.

Nemrod, fils de Char, & petit-
fils de Cham, n'étoit d'abord
qu'un simple Chasseur. L'Ecri-
ture nous le représente comme
un homme robuste, ambitieux,
& naturellement porté à la violence. Son courage lui faisoit affronter les plus grands périls.
C'étoit principalement à la chasse
qu'il donnoit des marques de son
audace & de son intrépidité. On
le voyoit sans cesse à la poursuite
des bêtes féroces ; il les attaquoit

A ij

de vive force, & garantiſſoit les
Peuples de leurs incurſions. Ce
fut en s'appliquant à ce pénible
& dangereux exercice, qu'il s'attira l'affection de ſes Concitoyens.
Mais ſes vues ne ſe bornoient pas là
ſeulement : ſon deſſein principal
étoit d'exercer à la chaſſe beaucoup de jeunes gens, de les en-
durcir au travail, pour en former
enſuite des hommes capables de
ſervir à ſes deſſeins ambitieux ;
il s'en fit autant de créatures at-
tachées à ſa fortune, & bientôt
avec leur ſecours, il ſe fraya un
chemin à la tyrannie. C'eſt ainſi
que s'éleva Nemrod. Ce Prince
dont l'audace & la valeur font
tout le mérite, avoit plus de vices
que de belles qualités. Il opprimoit les Peuples, mépriſoit les
loix divines & humaines, & ne
vivoit, dit-on, que de vols & de

brigandages. Ainſi on peut avec
raiſon le regarder comme un Tyran, tant pour ſon uſurpation que
pour ſes violences. On ne ſçait
rien de plus ſur la vie de ce Prince;
l'Hiſtoire nous apprend ſeulement
qu'il donna ſon nom au pays où il
régna, & que la terre de Sennaar
fut appellée depuis le pays de
Nemrod.

PÉRIANDRE.

Périandre, que la flatterie
plaça au nombre des sept Sages
de la Grece, quoiqu'on eût dû
plutôt le mettre au nombre des
plus méchants hommes, s'empara
de la Souveraineté de Corynthe,
où il exe ça une tyrannie odieuse.
Il feignit d'abord assez de modération dans son gouvernement,
mais ensuite perdant toute retenue, il opprima les Peuples, &
se montra cruel à l'excès. On dit
qu'ayant député vers le Tyran de
Syracuse, pour le consulter sur
la maniere de gouverner ses Etats,
celui-ci pour toute réponse, conduisit les Envoyés dans un champ
où il arracha devant eux les épis
qui surpassoient les autres en hau-

teur. Périandre, au récit de cette
action, comprit le sens qu'elle
renfermoit. Il commença par se
donner des Gardes, après quoi
il se défit des plus puissants de
Corynthe. Ce Prince commit ensuite un inceste avec sa propre
mere, crime affreux qui fut bientôt suivi d'un autre, la mort
de Mélisse sa femme, qu'il fit
périr sur de faux rapports. Cette
Princesse étoit fille de Proclès,
Roi d'Epidaure. Quelque temps
après qu'elle eut été mise à mort
par l'ordre du Tyran, Proclès
qui avoit fait venir à sa Cour
Lycophron & Cypsèle, ses petits-
fils, les renvoya à leur pere, en
leur disant : souvenez-vous qui a
tué votre mere. Cette parole fit
tant d'impression sur l'esprit du
jeune Lycophron, qu'étant de
retour à Corynthe il refusa de par-

ler à son pere, sans qu'on pût vaincre son obstination. Périandre, outré de cette conduite, le chassa de son palais, défendant à tous ses Sujets de le recevoir chez eux, ni même de lui parler, sous peine d'une amende considérable. Lycophron resta quatre jours sans boire ni manger, exposé aux injures du temps. Enfin Périandre touché du misérable état où son fils étoit réduit, lui représenta avec compassion, qu'il étoit bien plus avantageux pour lui de succéder à ses richesses & à sa couronne, que de se rendre malheureux, par un ressentiment mal-entendu. Mais Lycophron lui dit pour toute réponse, qu'il n'avoit qu'à payer l'amende, puisqu'il avoit lui-même parlé à son fils. Le pere indigné l'envoya en exil dans l'Isle de Corcyre.

Un jour que les Dames les plus
considérables de la Ville s'étoient
assemblées pour assister à une fête
solemnelle, le Tyran les fit enlever par ses satellites qui les viole-
rent, après leur avoir arraché tous
les ornements dont elles s'étoient
parées. Ce Prince, pour entretenir la paix dans ses Etats, avoit
équipé une flotte nombreuse qui
le faisoit respecter de ses voisins.
Il préféroit le repos aux fatigues
de la guerre, & le Peuple sous son
regne n'eut jamais à redouter que
ses cruautés. Périandre mourut
après un regne de 44 ans, & 588
avant Jésus-Christ.

PHALARIS.

PHALARIS, fameux Tyran de Sicile, régnoit dans la Ville d'Agrigente, dont il se rendit maître le seconde année de la 411e. Olympiade, vers l'an 571 avant Jesus-Christ. Il se maintint environ seize années sur le trône ; & sa domination fut extrême-ment cruelle. Il donnoit tous les jours de nouvelles marques de sa barbarie, tant il se plaisoit à voir expirer ses Sujets dans les der-niers supplices. Il suffit de don-ner un exemple de sa cruauté, pour faire voir jusqu'où il la por-toit. Il faisoit enfermer & brûler des hommes tout vifs dans le ven-tre d'un taureau d'airain. Ces mal-heureux qui se sentoient déchirer

par les plus cruelles douleurs,
pouſſoient alors des cris effroya-
bles, & ce Prince barbare qui
aſſiſtoit à ce ſpectacle, ſe plaiſoit
à les entendre, parce qu'ils imi-
toient les mugiſſements du taureau. Pérille qui avoit fondu cette
cruelle machine par ordre du Tyran, ne s'attendoit pas à être la
premiere victime de ſon invention, lorſqu'impatient d'attendre
la récompenſe qui lui avoit été
promiſe, il s'adreſſa à Phalaris pour
le faire reſſouvenir de ſa promeſſe.
Ce Prince lui tint parole, & pour
le récompenſer, le fit enfermer
dans les flancs du taureau, où il
périt miſérablement.

On dit auſſi que Pérille avoit
inventé cette machine ſans le
conſentement de Phalaris, & qu'il
l'avoit faite dans la ſeule vue de
ſe rendre agréable à ce Prince,
A vj

en fournissant à sa cruauté de
quoi se satisfaire ; mais que Phalaris le fit mettre lui-même dans
le ventre du taureau, pour faire
l'essai de sa cruelle invention : juste
châtiment des Sujets qui servent
d'instrument à la cruauté de leurs
Princes.

Phalaris devenu odieux par tant
de cruautés, ne demeura pas long-
temps sur le trône. Les Habitants
d'Agrigente se souleverent, prirent les armes contre lui, se sai-
firent de sa personne, & le firent
brûler dans le taureau, où il avoit
fait périr tant de malheureuses
victimes.

TARQUIN LE SUPERBE.

TARQUIN le jeune, furnom-
mé le Superbe pour fon orgueil &
pour fa cruauté, fut le feptieme
Roi de Rome. Il étoit petit-fils
de Tarquin l'ancien, & fuccéda
à Servius Tullius, dont il avoit
époufé la plus jeune des filles.
Aronce, fon frere, qui étoit d'un
caractere moins entreprenant que
lui, avoit auffi époufé Tullia,
l'aînée des filles de Servius. Mais
cette femme violente & ambi-
tieufe trouvant fon mari trop modéré pour fatisfaire la paffion
qu'elle avoit de monter fur le
Trône, fe tourna du côté de Tarquin, avec qui elle eut plufieurs
entretiens fecrets. Leur goût,
leur inclination, enfin la paffion

violente qu'ils avoient de régner,
les rapprocherent l'un de l'autre,
& leur firent souhaiter d'être unis
ensemble par les nœuds du mariage. Ils résolurent donc de se
défaire l'une de son époux, &
l'autre de sa femme ; ce qu'ils ne
tarderent pas long-temps à exécuter. Ce crime les conduisit
bientôt dans un autre. Tullia im-
patiente d'attendre une Couronne
qui ne pouvoit lui manquer, dans
la personne de son nouveau mari,
résolut d'en accélérer la jouis-
sance par la mort de son pere.
Elle en parla à Tarquin, qui ne
manqua pas d'approuver ce dessein, & qui chercha dès ce moment le moyen de l'exécuter.

Un jour que Tullius délibéroit
des affaires publiques en plein
Sénat, Tarquin s'y rendit suivi
d'un grand nombre de domesti-

ques. Il traversa sans respect l'assemblée des Sénateurs, & s'avança vers son pere qu'il renversa en bas de son trône, où il monta aussi-tôt en sa place. Il commanda ensuite à ses domestiques qui l'environnoient, de se saisir de Tullius pour s'en défaire. Ce vénérable vieillard traîné par ces scélérats hors de l'assemblée, & misérablement étendu à terre, luttoit encore entre la vie & la mort, lorsque sa cruelle fille, dans l'impatience de voir son mari & de le féliciter sur son avénement à la Royauté, fit passer sur lui les roues de son char, aimant mieux fouler aux pieds des chevaux, le corps sanglant de son malheureux pere, que de se détourner quelque peu du droit chemin. Ce spectacle affreux fit tant d'horreur aux Romains, que

l'endroit où il se passa, fut appellé du nom que mérite une action si noire. Ainsi mourut Servius Tullius, victime de l'ambition de sa fille & de la cruauté de
son gendre.

Tarquin devenu maître de
Rome, ne songea plus qu'à jouir
de son parricide. Sa maniere de
régner fut dès le commencement
aussi injuste & aussi violente que
l'avoient été les moyens dont il
s'étoit servi pour arriver au trône.
Il s'acheminoit de plus en plus
dans le crime, & bientôt il devint si cruel & si insolent, qu'il
se fit donner le surnom de Superbe. Mais comme la tyrannie des
Rois entraîne toujours avec elle la
haine des Peuples, il vit bien qu'il
lui seroit difficile de se faire aimer, il résolut donc de se maintenir par la force. Pour cela il

eut des gardes ; & s'il ne se faisoit point aimer , il se faisoit
craindre : tous ceux dont la naiſ-
sance, les vertus, ou les grands
biens pouvoient s'opposer à sa
puiſſance , étoient sacrifiés à sa
cruauté. Il se défit entr'autres de
Marcus Junius , mari de Tarqui-
nie , fille de Tarquin l'ancien. Il fit
auſſi mourir le fils aîné de cet
illuſtre Romain , & Lucius , son
second fils , eût eu le même sort ,
si , pour conserver sa vie , il n'eut
contrefait l'inſenſé , ce qui lui fit
donner le surnom de Brutus. Cet
artifice le sauva, & Tarquin qui
l'épargna , plutôt par mépris que
par compaſſion , conserva dans
sa personne un libérateur à la
Patrie.

Après avoir aſſuré sa domination par tant de meurtres , il fit
diverses expéditions tant sur les

Latins que fur les Volfques &
les Sabins. Enfuite fon ambition
croiffant de plus en plus avec fa
cruauté, il la porta fi loin, que
pour s'emparer de la Ville de
Gabie, il facrifia la tendreffe de
pere au progrès de fa puiffance.
Il fit fouetter cruellement fon
fils Sextus, & en cet état le
chaffa hors du camp. Le fils étoit
de concert avec le pere. Il va
donc auffi-tôt, le corps déchiré
de coups, implorer la clémence
des affiégés, leur met devant les
yeux la cruauté du Tyran qui
l'avoit fi cruellement maltraité,
& leur offre fes fervices, non
pas contre un pere, mais contre
un ennemi irréconciliable. Les
Gabiens touchés de fon prétendu
malheur, accepterent fes offres;
ils le reçurent parmi eux, en
lui donnant les moyens de fe

venger & de les défendre. Ce fut alors qu'éclata la trahison. Le perfide Sextus écrivit sur-le-champ à son pere, pour le consulter sur ce qu'il avoit à faire. Tarquin, au lieu de lui répondre, conduifit dans son jardin l'esclave qui lui avoit apporté la lettre, & abattit avec une baguette la tête des pavots qui s'élevoient au-deffus des autres, ensuite il renvoya cet esclave avec ordre de rapporter à Sextus ce qu'il avoit vu faire au Roi. Sextus comprit le sens de l'énigme, il fit trancher la tête aux premiers de Gabie, & livra la Ville à son pere, qui l'en fit Roi, pour le récompenser.

Tarquin sembloit n'avoir plus rien à craindre pour sa puissance. Il s'étoit affermi au dedans, & ne songeoit qu'à s'étendre au-dehors, lorsque tout-à-coup il vit déranger l'état de ses affaires. Il fut contraint de sortir de Rome, & d'abandonner une domination acquise par tant de forfaits. Sextus son fils, dont nous venons de parler, étoit devenu éperduement amoureux de Lucrece, femme de Collatin ; mais comme il ne pouvoit la séduire ni par ses promesses, ni par ses présens, il eut recours à la violence, & la déshonora. Cette illustre & chaste Romaine ne put survivre à la perte de son honneur, elle se donna la mort. Le bruit qui s'en répandit bientôt par toute la Ville, étant parvenu aux oreilles de Junius Brutus, il se rendit chez Collatin, prit le poignard encore ensanglanté, & le tenant à la main, c'est, dit-il, par ce sang que je jure

de venger l'honneur & la Patrie.
Ensuite il remit le poignard entre
les mains de Collatin & de Lu-
cretius, pere de Lucrece, à qui
il fit faire le même serment. Ce
fut là le signal du soulévement.
Aussi-tôt on court aux armes,
les Tarquins sont chassés de
Rome, & avec eux la Royauté.
Dès ce moment ils furent dé-
pouillés de tous droits à la Couronne, & leurs partisans déclarés
criminels d'Etat.

Tarquin étoit occupé au Siege
d'Ardée, Ville des Rutules,
lorsqu'il apprit cette révolution;
il voulut en arrêter les progrès,
mais en vain. Rome lui ferma
ses portes, & l'armée instruite
de ce qui se passoit, lui refusa
son secours, après s'être déclarée
contre lui. Ainsi chassé de Rome,
& rebuté de son armée, il fut

contraint de s'enfuir dans l'Etrurie. Sextus voulant rentrer dans Gabie, y fut assassiné par les Habitants, qui par-là se vengerent de sa noire perfidie. Tarquin banni de Rome, chercha tous les moyens d'y rentrer. Tout le monde sçait l'ambassade qu'il y envoya, sous prétexte de redemander ses biens au Sénat; on n'ignore pas non plus la conspiration que cachoit cette prétendue Ambassade, & l'on admire la fermeté de Brutus, qui fit trancher la tête à ses deux fils, pour avoir trempé dans cette conspiration.

Désespérant de recouvrer l'Empire par l'artifice & par la trahison, il eut recours à la force. Mais trop foible par lui-même, il résolut de mettre dans ses intérêts quelque Puissance voiſine. Il alla donc mendier du ſecours chez Porſenna , Roi de Cluſium en Toſcane ; il en obtint ; & ce Prince pour le rétablir dans ſes Etats , vint camper devant Rome qu'il aſſiégea. Mais le courage & la vertu des Romains lui en firent bientôt lever le Siege pour abandonner les intérêts de Tarquin.

CAMBYSE.

CAMBYSE, fils de Caſſan-
dane & de Cyrus, monta ſur
le trône de Perſe l'an 329 avant
Jeſus-Chriſt. Dès que la mort de
ſon pere l'eut rendu maître de
ſes états, il forma des projets
de conquête, leva des troupes
dans l'Eolie & l'Ionie qui étoient
de ſon obéiſſance, & ſe diſpoſa
à faire la guerre à Amaſis, Roi
d'Egypte, contre qui, dit-on,
il avoit des griefs. Il ſe mit en
marche ; & ayant obtenu du Roi
la permiſſion de paſſer ſur ſes
terres, il arriva bientôt en Egypte
où Pſamménite l'attendoit avec
toutes ſes forces. Amaſis venoit
de mourir, & Pſamménite, ſon

fils

fils avoit pris sa place sur le trône. Cambyse ne fut pas plutôt en sa présence, qu'il lui présenta la bataille. Le combat fut long & opiniâtre ; il mourut beaucoup de monde de part & d'autre ; mais enfin la victoire se décida pour les Perses. Enfoncés de toutes parts, les Egyptiens tournerent le dos, s'enfuirent en désordre, & se retirerent à Memphis. Cambyse alla aussi-tôt mettre le siege devant cette Ville qu'il prit au bout de quelques jours. Peu de temps après il se rendit maître de toute l'Egypte : ce qui intimida tellement les Lydiens & les Cyrénéens, qu'ils se rendirent sans combat. Pour mieux assurer ses conquêtes, ce Prince fit mourir Psamménite, qui cherchoit à remonter sur le Trône ; ensuite il attaqua les Carthaginois dont la

Premiere Partie.   B

défaite fut bientôt fuivie de celle des Ammoniens. Enfin, après plufieurs autres expéditions, il revint à Memphis, où il donna des marques de fon impiété & fur-tout de fa cruauté. Il fit mourir Smerdis, fon frere, craignant qu'en fon abfence il ne fe rendît maître de la Perfe; il n'épargna pas non plus fa femme qui l'avoit fuivi en Egypte: il la fit mourir; & devenu furieux par fes crimes, il ne fuivit plus que fon inftinct barbare.

Voulant marquer fon habileté à tirer de l'arc, il tua un jeune Perfan aux yeux de fon pere: il le fit ouvrir auffi-tôt; & la flêche fe trouvant fichée dans le cœur, il applaudit à fon adreffe; puis fe tournant tout joyeux vers le pere: as-tu jamais vu, lui dit-il, quelqu'un tirer plus jufte & plus adroitement?

Choqué des sages conseils de Crésus, il commanda à ses gens de s'en saisir pour le tuer; mais ceux qui connoissoient l'humeur changeante de ce Prince, n'obéirent point à ses ordres; ils cacherent Crésus, à dessein de le représenter, & d'avoir des récompenses, s'il le regrettoit, ou de s'en défaire, s'il persistoit dans les mêmes sentiments : ce qu'ils avoient prévu ne manqua pas d'arriver. Cambyse regretta Crésus; & comme on lui eut appris qu'il vivoit encore, il répondit qu'il étoit charmé que Crésus ne fut pas mort, mais qu'il ne pardonneroit jamais à ceux qu'ils l'avoient sauvé; en effet il les fit mourir tous. Ce Prince, après avoir exercé tant de cruautés, mourut l'an 522, d'une blessure qu'il s'étoit faite à la cuisse.

DÉCEMVIRS.

ROME après avoir été gouvernée par des Rois, le fut par des Consuls, ensuite par des Décemvirs. Ces nouveaux Magistrats firent paroître d'abord beaucoup de modération & d'équité. Ils traitoient avec bonté les moindres Plébeïens ; ils se chargeoient de leurs affaires, & leur procuroient une prompte justice. Le Peuple étoit charmé de leur conduite ; le Sénat se félicitoit du choix qu'il avoit fait des plus zélés défenseurs de la Patrie. Ils travaillerent avec application à dresser de nouvelles Loix, & lorsqu'ils eurent départi entr'eux des matieres qu'il falloit régler, ils en rédigerent les ar-

ticles , chacun sur une table ,
pour les faire voir au Peuple.
Mais comme il manquoit encore
quelque chose à l'accomplisse-
ment de ce grand ouvrage , on
résolut d'élire de nouveau des
Décemvirs pour l'année suivante.
Ce dessein qui fut goûté du Peuple , ne déplut point au Sénat.
On tint une assemblée à ce sujet ,
& Appius-Claudius après s'être
fait donner de nouveaux Collegues , fut encore créé Chef des
Décemvirs. Mais cette seconde
élection ne fut pas si heureuse
que la premiere. Le Peuple se
repentit bientôt du choix qu'il
avoit fait ; car Appius qui avoit
feint jusqu'alors, leva tout-à-coup
le masque. Il se montra à découvert , & parvenu par sa dissimulation & ses intrigues à la tête
du Décemvirat , il ne songea

B iij

plus qu'à rendre sa domination perpétuelle ; il associa à son ambition ses nouveaux Collegues, qui lui étoient redevables de leur dignité , après leur avoir fait jurer de n'abandonner jamais l'Empire & la domination qu'on ne leur avoit déférés que pour une seule année.

Ces nouveaux Conjurés commencerent à régner impérieusement, & avec une autorité absolue ; ils affectoient le faste & l'orgueil des Rois, se faisant suivre chacun de douze Licteurs armés de haches & de faisceaux. Leur domination dégénéra bientôt en tyrannie , & Rome se vit réduite à un état pire encore que celui où elle étoit du temps des Tarquins. Le trouble & la confusion régnoient par-tout, le crime aidé de la force accabloit l'innocence ; il n'y avoit plus d'asyle súr pour la beauté : on enlevoit impunément les filles du sein même de leurs meres. Tout étoit dans un désordre affreux : le voisin s'emparoit du bien de son voisin ; le crime autorisoit le crime , & la crainte des supplices & de la mort même faisoit endurer les violences qu'exerçoit une multitude de gens sans nom , sans aveu, de qui toute l'espérance est dans les calamités publiques , & qui ne peuvent s'agrandir que par des crimes.

Cependant les Loix qui avoient été commencées l'année précédente , ne tarderent pas à paroître ; elles furent lues & affichées en public , sous le nom de Loix des douze Tables. Mais ce n'étoit point là de quoi sou-

lager le Peuple; c'étoit l'abolition des Tyrans qui pouvoit seule
apporter du remede à ses maux;
il l'attendoit, & déjà il se flattoit
de voir expirer la tyrannie avec
la fin de l'année, lorsqu'il se vit
tromper dans son espérance. Les
Décemvirs, malgré lui & le Sénat, se maintinrent dans le gouvernement, & comme ils avoient
en main la souveraine puissance,
le foible fut contraint de céder
au plus fort. Après avoir usurpé
l'administration du Gouvernement, ils s'emparerent aussi du
commandement des armées : ils
accrurent par-là leur autorité,
& la rendant encore plus redoutable, ils s'en servirent pour se
venger de leurs ennemis particuliers. Appius sur-tout faisoit
éclater sa vengeance; il regardoit
comme ennemis tous ceux qui

n'étoient pas ses esclaves, il les proscrivoit & s'emparoit de leurs biens.

Pour se mettre à l'abri de tant de violences, plusieurs Citoyens se bannirent eux-memes de leur patrie. Les Sénateurs & les Principaux de Rome, qui ne pouvoient souffrir la domination des Décemvirs, chercherent un asyle, les uns à la campagne, les autres chez les Peuples voisins. Rome presque déserte demeura en proie à la fureur d'Appius. Pour se venger de la fuite de tant de personnes illustres, il se saisit des biens qu'ils avoient à la Ville, & les confisqua au profit de ses satellites.

La domination des Décemvirs devint si odieuse à tout le monde, que l'armée où ils commandoient en chefs se laissa battre par les

ennemis, pour ne point augmenter leur puissance en les rendant victorieux. La nouvelle de
ces défaites qui étoient plutôt
des fuites concertées que des
batailles, remplit Rome de mécontents. Le Peuple en rejetoit
la faute sur les Décemvirs, &
Siccius-Dentatus blâmoit hautement leur conduite dans cette
guerre. Ce fameux Plébeïen
s'étoit trouvé à plus de six-
vingt combats, de sorte que
son expérience dans la guerre
jointe à sa valeur, le rendoit cher
à tout le monde. Appius, choqué
des discours qu'il tenoit au Peuple, & plus jaloux encore du
crédit dont il jouissoit dans Rome,
résolut de s'en défaire à quelque
prix que ce fût. Pour y parvenir, il eut recours à la flatterie.
Il parla à Siccius, loua beau-

coup fa valeur dans les combats, fa prudence dans les conseils, & l'invita, quoique Vétéran, à se rendre à l'armée. Siccius qui étoit sans défiance, accepta volontiers fa proposition ; & Appius, pour cacher davantage son perfide dessein, le décora du titre de Légat , qui étoit chez les Romains une fonction sacrée & inviolable.

Siccius ne fut pas plutôt arrivé au camp, qu'il fut reçu avec des marques extérieures de joie ; on le traita avec beaucoup de distinction, & l'on ne déféra plus qu'à ses avis. Mais il ne jouit pas long-temps de cette considération : l'occasion de le faire périr se présenta , & les Décemvirs qui étoient de concert avec Appius, ne la laisserent pas échapper. Comme il s'étoit

chargé de marquer lui - même
un nouveau camp, on lui donna
une escorte pour reconnoître la
situation des lieux. Mais cette
escorte n'étoit composée que des
satellites des Décemvirs qui leur
avoient ordonné de s'en défaire.
Ces traîtres n'eurent pas plutôt
trouvé le moment favorable à
leur mauvais dessein, qu'ils se
mirent à charger Siccius. Ce
grand homme, sans s'effrayer du
péril, tint ferme contr'eux, il
rappella son ancienne valeur,
& en mit une bonne partie hors
de combat. Il se seroit échappé
de leurs mains, si quelques-uns
de ces scélérats montant sur le
haut d'un rocher, ne l'eussent
accablé à coups de pierres. La
nouvelle de sa mort se répandit bientôt parmi les soldats;
elle excita des plaintes par tout

le-camp, & cauſa dans Rome un mécontentement général. On déteſtoit tout haut une action ſi infame; tout le monde étoit prêt de ſecouer le joug d'une domination ſi cruelle, lorſqu'Appius lui-même porta le dernier coup à ſon pouvoir tyrannique.

Ce Décemvir qui étoit reſté à Rome tandis que ſes Collegues étoient à l'armée, conçut un amour violent pour une jeune Romaine, appellée Virginie. Il tenta toutes ſortes de moyens pour la ſéduire; mais voyant qu'ils étoient tous inutiles, & que cette jeune perſonne étoit incapable de ſe laiſſer corrompre, il réſolut d'emporter par la fourberie ce qu'il n'avoit pu obtenir par la perſuaſion, aidé même des préſents. Il eut recours à un artifice qui devoit faire tomber Virginie entre ses mains, & se reposa du succès de son entreprise sur un de ses Clients, nommé Claudius, qui étoit un homme hardi, effronté, sans honneur & sans foi. Ce ministre de la passion du Décemvir entra sans respect dans l'Ecole publique où étoit Virginie ; il s'en saisit, sous prétexte qu'elle étoit née d'une de ses esclaves, & se fondant sur la Loi qui veut que l'enfant d'un esclave soit esclave lui-même de son patron, il la conduisit au Décemvir devant qui l'affaire fut plaidée. Appius qui étoit à la fois Juge & Partie, ne manqua pas d'adjuger la fille au demandeur ; il se flattoit d'en avoir la disposition par le moyen & sous le nom de son Client ; mais Virginius instruit du danger

que couroit l'honneur de fa fille,
arriva bientôt pour la défendre.
Outré de l'arrêt injufte que le
Tyran avoit porté contre lui,
il ne garda point de mefures ;
il lui reprocha hautement fa lubricité, faifant connoître par-là
aux affiftants que lui feul étoit
l'auteur de l'impofture que pro-
pofoit fon Client. Appius comme
forcené de voir fon crime découvert, ne fuivit plus que les
mouvements de fa colere. Il
commanda à fes Licteurs de fe
faifir de Virginie, pour la mettre
entre les mains de Claudius.
Alors ce malheureux pere fe
vit contraint de céder ; il demanda au Tyran qu'il lui fût
au moins permis, avant de livrer
fa fille, de l'entretenir un moment. Sa demande lui fut accordée. Pénétré de la plus vive

douleur, il prend dans ses bras
sa fille à demi-morte, il essuie
les pleurs qui inondent son
visage, l'embrasse, & saisissant
un couteau qu'il rencontra par
hasard sur la boutique d'un Bou-
cher, ma chere Virginie, lui
dit-il, voilà le seul moyen de
sauver ton honneur. En même
temps il lui enfonce le couteau
dans le cœur, & le tirant tout
fumant du sang de sa fille, c'est
par ce sang innocent, cria-t-il
à Appius, que je dévoue ta
tête aux Dieux infernaux. A
ces mots il prit la fuite, & à
le faveur de la multitude il se
sauva dans le camp, où il se
rendit avec le couteau qu'il tenoit à la main.

Les, soldats instruits de son
malheur, résolurent de venger
la mort de Virginie dans le sang

d'Appius. On courut aux armes de tous côtés, malgré les Décemvirs qui vouloient en vain s'y opposer : en un moment l'armée se rendit à Rome. Le Peuple n'etoit pas mieux disposé que les soldats ; il demanda la démission des Tyrans, qui furent contraints alors d'abandonner la souveraine puissance. Après avoir aboli pour jamais cette Magistrature trop absolue, on rétablit le Consulat l'an de Rome 305, & 445 ans avant J.-C. La démission des Décemvirs ne fut pas la seule peine de leurs crimes. Appius-Claudius après avoir été cité en Justice par le pere de Virginie, fut étranglé en prison ; on ne traita pas mieux ses Collegues : les uns furent exécutés, les autres bannis à perpétuité.

ARCHÉLAUS.

ARCHÉLAÜS, Prince cruel, monta sur le trône de Macédoine au préjudice d'Alcétas dont il ne devoit être que le valet. Perdiccas, Roi des Macédoniens, avoit accordé ses faveurs à la servante d'Alcétas son frere, & du commerce qu'il eut avec cette femme étoit sorti Archélaüs, qui, selon les Loix, ne pouvoit prétendre à la Couronne. Cependant après la mort de son pere, il vint à bout de supplanter Alcétas qui appella vainement les Loix à son secours. Il fut dépouillé de ses Etats, & Archélaüs qui s'en étoit rendu maître, ne songea plus qu'à s'y maintenir. Pour n'être point inquiété par son concurrent, il conçut le dessein de s'en défaire, il y réussit. Après l'avoir attiré chez lui, sous prétexte de le placer sur le trône, il l'enivra, & le fit conduire hors de la Ville, où il fut assassiné avec son frere Alexandre.

Non content d'avoir fait mourir ses oncles, il se défit encore de son propre frere. Ce jeune Prince étoit alors dans un âge incapable de rien entreprendre, mais il étoit fils de Perdiccas & de Cléopâtre : c'en étoit assez pour le rendre odieux à Archélaüs, qui s'en délivra en le jetant dans un puits. Pour couvrir cette action barbare, il fit accroire à Cléopâtre que l'enfant y étoit tombé en courant après une oie.

Après s'être affermi sur le Trône par ses cruautés, il s'occupa à se rendre formidable à ses voisins par ses forces. Il mit des troupes sur pied, ajouta de nouvelles fortifications aux places fortes, & amassa de grands magasins dans toutes les Villes de son Royaume. Il ne se rendit pas moins redoutable sur mer que sur terre ; il équipa des vaisseaux dont il forma une flotte puissante qui le mit en état de disputer l'empire des mers.

Ce Prince aima aussi les Lettres ; il fit fleurir les Arts, & l'on vit chez lui les plus grands Poëtes, les plus fameux Peintres, & les meilleurs Musiciens. Il n'épargna ni soins, ni dépenses pour orner son palais de tout ce qu'il y a de plus beau dans la Peinture & dans la Sculpture. Cependant il ne put attirer chez lui le sage Socrate qui refusa de le voir à cause de ses inhumanités. Il ne put aussi engager Euripide à faire quelque Tragédie sur son sujet. Ce grand Poëte s'en excusa toujours, pour n'être point obligé de peindre ses cruautés. Archélaüs fut tué par un de ses favoris, l'an 399 avant Jesus-Christ.

A ne considérer ce Prince que dans les dernieres années de sa vie, on est comme forcé de prononcer en sa faveur; on ne balance pas à le mettre au nombre des Princes illustres. Mais si l'on jette les yeux sur le commencement de son regne, on se rétracte aussi-tôt de son jugement, & ce n'est qu'avec peine que l'on voit sortir tant de belles qualités d'une source, pour ainsi dire, si corrompue.

ARISTOTIME.

Aristotime, l'un des plus grands Seigneurs d'Epire, se rendit maître de la Capitale de cette Province, où il établit ensuite sa tyrannie. A peine fut-il monté sur le Trone, qu'il commit des cruautés qui causerent bientôt sa perte. Il fit mourir plusieurs de ses Sujets, en exila un grand nombre, & pour rendre leur bannissement encore plus insupportable, il ne voulut pas que leurs femmes les suivissent en exil. Les Etoliens le prierent en vain de rendre à ces malheureux ce qu'ils avoient de plus cher. Il fut inflexible. Cependant quelque temps après il feignit d'être touché de compassion, en per-

mettant aux femmes d'aller re-
joindre leurs maris. Mais à peine
étoient-elles assemblées aux portes de la Ville pour en sortir,
qu'il leur fit enlever par ses satellites ce qu'elles emportoient
de plus précieux, avec ordre
de les traîner ensuite en prison.
Là, pour assouvir sa barbarie, il
fit indignement violer les filles
& cruellement massacrer les enfants aux yeux de leurs meres.

Ce Tyran odieux continuoit
toujours ses cruautés, lorsqu'Hel-
lanicus, l'un des plus considérables du pays, entreprit de délivrer la terre de ce monstre. Il
assembla ses amis, leur mit devant
les yeux l'état fâcheux où ils
étoient réduits, & les exhorta
à secouer le joug d'une si dure
servitude. Mais voyant qu'ils
manquoient de courage, & que

la crainte l'emportoit fur l'amour de la patrie, il fit venir fes domeftiques, à qui il commanda de fermer les portes de fa maifon, & d'aller avertir Ariftotime que ces Conjurés en vouloient à fa vie. Cette réfolution extréme les frappa de telle forte, que voyant bien qu'il y avoit autant de danger à refufer qu'à confentir, ils entrerent dans la Conjuration, & fe défirent du Tyran cinq mois après qu'il eut ufurpé la fouveraine puiffance.

DENYS

DENYS I.

DENYS I, Tyran de Syracuse, étoit fils d'un simple Citoyen, nommé Hermocrate. Le desir qu'il eut de s'élever lui fit sentir de bonne heure qu'il n'étoit pas fait pour vivre dans l'état obscur où la fortune l'avoit placé. Il s'enrôla dans les armées, où il se distingua beaucoup par sa valeur ; il passa par tous les degrés militaires, & son expérience dans la guerre lui mérita ensuite la Charge de Capitaine-Général des Syracusains. Après avoir défiat les Carthaginois, il s'approcha de plus en plus du Trône, & bientôt il n'eut qu'un pas à faire pour y monter. Devenu seul maître de Syracuse par la mort des autres Généraux ſes Collegues, qu'il avoit accuſés de trahiſon, il uſurpa la ſouveraine puiſſance l'an 4033. Il ne ſongea plus alors qu'à s'affermir dans ſa nouvelle domination. Il augmenta la paie des Soldats, pour ſe concilier leur amitié, rappella les bannis, & ſe fit donner des Gardes par le Peuple. Enſuite il eut preſque toujours la guerre contre les Carthaginois qu'il battit en pluſieurs rencontres. Enfin, après pluſieurs combats, il les contraignit d'abandonner tout-à-fait la Sicile.

Après un ſiege de douze mois, il emporta d'emblée la Ville de Reggio; il l'abandonna au pillage, & ſes malheureux Habitants ſentirent alors les effets de ſa barbarie. Les Syracuſains eux-mêmes ne furent pas à l'abri de

fa fureur; il les traita en esclaves plutôt qu'en Sujets ; ce qui
révolta contre lui les Siciliens,
qui, ennuyés de sa domination,
entreprirent d'en secouer le joug;
mais ils ne firent qu'augmenter
le poids de leurs chaînes, bien
foin de les briser. Il les traita
avec encore moins de ménage-
ment, & les réduisit à une dure
servitude. Sa défiance, ou plutôt sa cruauté étoit si grands,
qu'il sacrifioit fes amis fur un
fimple foupçon. Il aimoit fort
la paulme. Un jour comme il
fe déshabilloit pour y jouer, il
donna fon épée à garder à un
fes jeunes favoris. Voilà donc,
lui dit un de fes amis en plai-
fantant, quelqu'un à qui vous
confiez vos jours ? A ces mots
fe jeune homme fourit. Tous les
deux, par fes ordres, furent mis

à mort : l'un pour avoir indiqué une maniere de lui ôter la vie ; l'autre pour avoir témoigné par un souris qu'il entendoit un tel discours.

Il ne se fit pas moins détester par ses impiétés que par ses violences ; il n'y avoit rien de sacré pour lui. Les lieux même les plus saints n'étoient pas à l'abri de ses insultes. Un jour qu'il étoit entré dans un Temple de Jupiter, il ôta un manteau d'or à la statue de ce Dieu, disant, en ajoutant la raillerie à l'impiété, que ce vêtement étoit trop chaud en été, & trop froid en hiver ; ensuite il lui fit mettre un manteau de laine, qui étoit bon, disoit-il pour, toutes les saisons. Une autre fois il fit arracher une barbe d'or à la statue d'Esculape, ajoutant

qu'il ne convenoit pas à ce Dieu
de porter de la barbe , tandis
qu'Apollon son pere n'en avoit
point. Comme , après avoir pillé
plusieurs Temples de cette maniere , il revenoit à Syracuse
avec un vent favorable , voyez-
vous , dit-il , parlant aux com-
pagnons de son voyage , voyez-
vous combien les Dieux prote-
gent les sacrileges ?

Ce Prince avoit aussi la manie
des vers ; il vouloit passer pour
bel-esprit & pour grand Poëte.
Il faisoit venir à sa Cour tous
ceux qui excelloient en poésie,
& leur permettoit de censurer
ses ouvrages ; mais eux , soit
par crainte , ou par foiblesse ,
n'usoient de cette permission que
pour le louer , & trouvoient
excellents des vers qui n'avoient
ni graces ni beautés. Il y avoit

à sa Cour un certain Philoxene
qui s'étoit acquis une grande réputation par ses dithyrambes.
Comme Denys récitoit en sa présence quelques-uns de ses vers,
cet homme, ennemi de la flatterie, ne put s'empêcher de lui dire
librement son sentiment. Le Roi
Poëte, offensé de sa liberté, le
fit prendre aussi tôt pour le conduire aux Carrieres qui étoient
des prisons publiques. Mais bientôt, à la priere de ses favoris,
il le fit revenir à la Cour ; &
comme dans un festin il récitoit
encore quelques vers de sa com-
position qu'il estimoit beaucoup,
il commanda à Polixene de lui
dire ce qu'il en pensoit ; mais
lui, pour toute réponse, se tournant vers les satellites : qu'on me
remene, dit-il, aux Carrieres.
Cette saillie qui excita le ris de

tous les Convives, ne déplut pas
à Denys, quoiqu'elle touchât sensiblement son amour-propre. Le
Philosophe Platon qui s'étoit reti-
ré chez lui, n'eut pas à se féliciter
du traitement qu'il en reçut. Denys le fit vendre comme un esclave, pour avoir dit en sa présence,
que la vie d'un homme juste &
équitable étoit heureuse, au lieu
que celle d'un Tyran n'avoit rien
que de misérable. Ce Prince en
le vendant, dit par raillerie : il
ne peut manquer d'être heureux,
même dans l'esclavage, puisqu'il
est homme juste.

Denys fit bien voir que la tran-
quillité n'accompagne jamais les
Tyrans, car un jour que Damocles son favori vantoit en sa présence ses richesses, ses forces &
la magnificence de son palais,
ajoutant qu'il n'y avoit point de

mortel plus heureux que lui ;
puisque mon sort te paroît si
digne d'envie , lui répartit ce
Prince , veux-tu goûter de mon
bonheur ? Damocles y consentit.
Denys aussi-tôt le fit conduire
dans une chambre ornée de tout
ce qu'un Roi peut desirer ; il avoit
près de lui une table couverte des
mets les plus exquis , & des jeunes gens d'une beauté singuliere
devoient le servir à son premier
commandement. Damocles se
croyoit le plus fortuné des hommes , lorsque Denys fit suspendre
au-dessus de sa tête une épée nue
qui ne tenoit qu'à un fil fort dé-
lié. Effrayé à la vue du danger,
Damocles se repent de son choix ;
le bonheur dont il jouissoit auparavant ne le touche plus , il
a sans cesse les yeux attachés
sur le glaive, & prie instamment

le Roi de le laiſſer rentrer dans
ſon premier état, diſant qu'il ne
vouloit pas être heureux à ce
prix. Telle étoit la ſituation du
Tyran. Il jouiſſoit de la plus
brillante fortune, ſans en goûter
les douceurs ; la crainte de perdre
la vie, le rendoit ſoupçonneux
envers tout le monde ; auſſi
étoit-ce pour ſe la conſerver
qu'il s'étoit fait conſtruire une
maiſon ſouterraine, où l'on n'entroit que par un pont-levis. Elle
étoit fermée à tout le monde :
ſa femme, pas même ſon fils
n'y pouvoit entrer, ſan s avoir
quitté ſes habits, de crainte qu'il
n'y eût caché des armes pour
attenter à ſa vie. Il changeoit
d'appartement tous les jours, &
l'on ne ſçavoit jamais dans quel
endroit de ſa maiſon il repoſoit.
Pour haranguer le Peuple, comme

C v

il n'eût osé se tenir dans les Tribunes ordinaires, il montoit au haut d'une tour. Mais tant de défiances & de précautions ne purent cependant l'exempter du sort qui est réservé aux Tyrans. Il mourut, dit-on, de mort violente, l'an 386 avant J.-C., à 63 ans, après en avoir régné 36,

DENYS LE JEUNE.

DENYS II, dit le Jeune, succéda à son pere, 386 ans avant J. C. Il s'établit sur le Trône de Syracuse par le secours des gens de guerre dont il sçut se concilier les bonnes graces. Il mit aussi le Peuple dans ses intérêts, en lui promettant de le gouverner avec douceur. Mais il ne fut pas plutôt proclamé Roi, qu'il fit paroître en lui tous les crimes de son pere ; il renchérit même sur ses cruautés. D'abord il fit mourir son frere, & se rendit si odieux aux Syracusains, qu'il se fit chasser de leur Ville ; il se retira à Locres, Ville d'Italie, où il fut reçu avec bonté ; mais bientôt il s'y fit détester autant qu'à Syracuse. On y eut horreur de ses crimes. Enfin, après avoir débauché les femmes de ses hôtes, il se fit renvoyer honteusement de Locres : il revint à Syracuse ; & la mort de Dion arrivée sur ces entrefaites, lui ayant ouvert un chemin au Trône, il y remonta, malgré la haine que lui portoit le Peuple. Il recommença ses violences avec encore plus de fureur qu'auparavant, mais ce ne fut pas pour long temps. Timoléon vint l'attaquer à la tête d'une puissante armée, le défit, & le chassa de Syracuse. Denys, contraint d'abandonner une seconde fois la Sicile, se retira à Corynthe, où il se livra tout entier à la débauche ; il n'y fréquentoit que des lieux infames, lioit amitié avec des gens de la

lie du Peup'e & de mauvaiſe vie.
Erfin il fut réduit à une ſi grande
miſere, qu'il fut còntraint de tenir école, pour avoir de quoi
ſubſiſter, & pour ſe faire un Empire d'une nouvelle eſpece.

Denys le Jeune fut un Prince
extrêmement diſſolu dans ſes
mœurs : il poſſédoit les vices de
ſon pere au ſuprême degré ; il
étoit fourbe, traître & inſolent :
il remplit toute la Sicile de l'horreur de ſes débauches, ſe fit dé-
teſler de ſes bienfaicteurs, & fut
lui- même la victime de ſes crimes.

CLÉARQUE.

ON dit que Cléarque, ayant conçu du goût pour la Philoſophie, alla à Athênes, où il ſe fit diſciple de Platon ; mais que les leçons de ce Philoſophe ne lui ayant pas plues, il revint dans Héraclée ſa patrie, d'où ſes vices le firent chaſſer preſqu'auſſi-tôt ; il ſe retira chez Mithridate, Roi de Cappadoce, auquel il promit de livrer la Ville d'Héraclée, dont ce Prince devoit lui laiſſer le gouvernement. Sur ces entrefaites, il s'éleva des conteſtations entre les Sénateurs & les Citoyens de cette Ville, à l'occaſion des Loix ; le Peuple vouloit qu'on en fît de nouvelles, afin d'obtenir l'abolition des dettes, & pour faire ordonner en même temps le partage des terres. Les Sénateurs dont le parti n'étoit pas le plus fort, implorerent en vain l'assistance des Athéniens & des Thébains : ils n'en purent tirer aucun secours. Enfin ils furent obligés, pour résister au Peuple, de députer vers Cléarque, qu'ils venoient de chasser peu auparavant. Celui-ci ne se fut pas plutôt introduit dans la Ville, qu'au lieu de la mettre au pouvoir de Mithridate, il le fit lui-même prisonnier avec un grand nombre de ses courtisans : ce Prince ne put obtenir sa liberté, qu'en payant une rançon très - considérable. Cléarque ensuite protégea le Peuple d'Héraclée contre le Sénat dont il avoit feint de prendre les intérêts.

Ce n'étoit point assez d'avoir
trahi les Sénateurs, il en fit mourir plus de soixante, après s'être
saisi de leurs personnes ; les autres, pour éviter un sort pareil,
furent contraints de prendre la
fuite. Le Tyran ne traita pas
mieux les femmes de ces Magistrats : il commit envers elles
toutes sortes d'indignités ; & ,
pour comble d'outrage , les contraignit d'épouser des esclaves.
Cléarque se proposa , pour mo-
dele , Denys, Tyran de Syracuse :
ce qui le rendit si odieux à tous
ses Sujets , que ne pouvant plus
supporter sa domination, ils formerent contre lui une conspiration dans laquelle entrerent cinquante personnes des plus considérables de la Ville. Enfin le jour
qu'on célébroit les fêtes de Bac-
chus , il fut assassiné par Chinon ,

Disciple de Platon , la quatrieme
année de la cent soixante-sixieme
Olympiade , 353 avant Jesus-
Christ.

PTOLOMÉE PHILOPATOR.

PTOLOMÉE IV, Roi d'Egypte, fut surnommé Philopator, c'est-à-dire aimant ses parens. Ce nom lui fut donné pour faire allusion à la mort de son pere qu'il fit empoisonner, & auquel il succéda l'an du monde 3814. Son regne ne fut qu'un enchaînement de cruautés. Ce Prince détestable fit assassiner sa propre mere Agathoclée avec son frere Mégas, sous prétexte qu'ils pouvoient lui être de quelqu'obstacle au gouvernement. Il fit aussi mourir Arsinoë qui étoit sa sœur & son épouse : plusieurs autres personnes subirent le même sort. Ensuite il s'abandonna au luxe &

à la débauche, & s'attira l'indignation de tous ses Sujets. Antiochus, dit le Grand, Roi de Syrie, profitant de cette conjoncture, lui déclara la guerre ; mais il fut vaincu. Ptolomée, étant allé ensuite à Jérusalem, voulut entrer dans le Sanctuaire du Temple. Le Pontife Siméon s'y opposa, & Dieu seconda son refus par une défaillance qui surprit Ptolomée. De retour à Alexandrie, ce Prince résolut de se venger sur tous les Juifs, de l'opposition que lui avoit faite le Grand Prêtre Siméon. Il les fit enfermer dans le Cirque, pour y être ensuite dévorés par les bêtes féroces : ce projet néanmoins ne fut pas exécuté. Ptolomée Philopator mourut après un regne de dix-sept ans, l'an du monde 3831, & 204 avant Jesus-Christ.

NABIS.

NABIS, Tyran de Lacédémone, exerça ses cruautés dans la Ville d'Argon, que Philippe, Roi de Macédoine, lui avoit remise comme un dépôt. Ce Prince, pour tourmenter ses Sujets, inventa un genre de supplice aussi singulier que cruel. Il fit construire une machine en forme de statue qui ressembloit à sa femme, & qui cachoit, sous des habits magnifiques, des pointes de fer dont elle avoit les bras, les mains & le sein hérissés : c'étoit avec cette machine qu'il se faisoit donner l'argent qu'il exigeoit des Particuliers. Lorsque quelqu'un lui en refusoit, peut-être, disoit-il,

n'ai-je pas le talent de vous per-
suader, mais j'espere qu'Apéga
ma femme, suppléera à mon défaut. Aussi-tôt paroissoit la statue
d'Apéga. Alors Nabis, la prenant par la main, la conduisoit à
son homme qu'elle embrassoit, &
à qui elle causoit les plus vives
douleurs.

Ce Prince, pour s'être déclaré
en faveur de Philippe, eut une
guerre à soutenir contre les Romains. Flaminius, leur Général,
vint l'assiéger dans Sparte, où il
le réduisit à une si grande extrê-
mité, qu'il fut contraint de demander la paix qui lui fut enfin
accordée. Mais le Général Romain ne fut pas plutôt sorti de la
Grece, que Nabis alla mettre le
siege devant Gythiem, Ville des
Achéens. Le célebre Philopé-
mene qui leur commandoit, ha-

farda contre lui une bataille na-
vale qu'il perdit par fon peu d'expérience dans la marine. Peu de
jours après, ce Général, très-
expérimenté dans les combats de
terre, le furprit, & le défit près
de Sparte. Ce Tyran fut affaffiné,
par trahifon, dans le temps qu'il
prenoit la fuite, vers l'an 194
avant Jefus-Chrift.

PTOLOMÉE PHISCON.

PTOLOMÉE VII, Roi d'Egypte, fut appellé Physcon, par rapport à sa vie déréglée. On lui donna aussi, pour marque de sa cruauté, le surnom de Cacourgetes qui signifie mal-faisant. Il épousa la veuve de Chilometer, son frere, après s'être rendu maître de toute l'Egypte. Il eut de son mariage avec sa belle-sœur un fils nommé Memphis dont il se défit d'une maniere barbare. Il le fit couper par morceaux, & servir dans un repas à sa propre mere qu'il répudia ensuite pour épouser la jeune Cléopâtre, fille de Philometer. Ses cruautés le rendirent si odieux à ses Sujets, qu'il fut chassé d'Alexandrie, &

son Royaume déféré à sa femme Cléopâtre.

Contraint d'abandonner ses Etats, Ptolomée chercha un asyle chez les Puissances voisines ; il se retira dans l'isle de Chypre, où il mourut l'an 117. Son regne fut de vingt-neuf ans qu'il passa dans une vie odieuse & débauchée.

ALEXANDRE

ALEXANDRE-JANNEUS.

ALEXANDRE-JANNEUS, fils d'Hircan, Prince de Judée, gouverna les Juifs après la mort de son frere Aristobule. Avant de parvenir à la Couronne, il demeura long-temps en prison, mais Aristobule qui étoit l'auteur de sa captivité, étant venu à mourir, il fut mis en liberté par le moyen de Salomé, veuve du Roi, & ne sortit de prison que pour monter sur le Trône. Il commença ses cruautés par faire mourir son frere quiprétendoit à la Couronne ; puis il attaqua Ptolémaïde qui fut défendue par Ptolomée-l'Atthurus.

Sa domination devint si violente, qu'elle fouleva le Peuple qui prit les armes contre lui. Mais il fut malheureufement défait dans une bataille que lui livra le Tyran. Il périt en cette journée plus de cinquante mille de fes Sujets ; & un grand nombre qu'il avoit fait prifonniers furent conduits par fes ordres à Jérufalem. Un jour qu'il donnoit un feftin à fes concubines, pour égayer le repas par un fpectacle digne de fa cruauté, il fit crucifier à fes yeux huit cents de fes prifonniers, & égorger en leur préfence leurs femmes avec leurs enfants.

Quelque temps après, il eut une guerre à foutenir contre Demetrius Eucerrus : il perdit alors une grande bataille, & après avoir été vaincu par Arétas, Roi des Arabes, il fe livra à des excès de vin qui le conduifirent infenfi-

blement au tombeau. Il tomba
dans une fievre qui ne l'empêcha
cependant pas de s'expofer aux
fatigues de la guerre ; mais au
bout de trois ans elle augmenta
fi fort, qu'il en mourut l'an 79
avant J.-C. Il étoit alors fur la
frontiere des Géraféniens, où il
tenoit affiégé le château de
Ragaba au-delà du Jourdain.

D ij

TIBERE.

TIBERE, troisieme Empereur de Rome, étoit fils de Tibere-Néron & de Livie Druzille qu'Auguste avoit épousée du consentement de son mari. Ce Prince étoit d'un naturel fier, d'un caractere sombre, jaloux, cruel & défiant. Il porta la dissimulation jusqu'à s'abaisser devant le Sénat & les premiers de Rome, pour exercer ensuite sa tyrannie avec plus d'empire. Il observoit la démarche & la contenance de ceux dont le pouvoir ou le crédit pouvoient balancer le sien : le visage, la parole, la pensée même, tout étoit criminel à ses yeux ; il en conservoit la vengeance, &

bientôt elle éclatoit. Enfin sa cruauté n'étoit pas moins grande que sa diffimulation.

Son avénement à l'Empire fut signalé par la mort d'Agrippa, fils d'Augufte : il le fit affaffiner parce qu'il pouvoit lui difputer l'Empire. Loin de condamner cette action, le Sénat fit femblant de croire que c'étoit un ordre de fon prédéceffeur qui avoit chargé le Tribun qui gardoit fon fils, de s'en défaire à la premiere nouvelle de fa mort. L'humeur fiere & cruelle du Tyran avoit changé la face de l'Etat ; la liberté avoit fuivi Augufte dans le tombeau, pour faire place à la contrainte qui régnoit alors dans toute la ville. On ne voyoit par-tout que de vils adulateurs. Les Chevaliers, les Sénateurs, les Confuls mêmes, enfin les premiers après Tibere

compofoient leurs vifages fur le
fien, & applaudiffoient à fes actions les plus violentes. Ce n'étoit
dans toute leur conduite que
feinte & qu'artifice.

La crainte avoit fermé la
bouche à tout le monde, ou fi
quelqu'un plus hardi que les autres
tenoit quelque difcours un peu
libre qui fût rapporté à l'Empereur, il en étoit puni fur-le-
champ par l'exil ou par la perte
de fa vie. Augufte, avant de
mourir, avoit légué une fomme
d'argent au Peuple, & par fon
teftament il avoit chargé Tibere
de la diftribuer après fa mort.
Comme ce Prince ne s'acquittoit
point de cette commiffion, un
Particulier s'approchant d'un mort
que l'on portoit en terre, lui dit à
l'oreille de rapporter à Augufte
qu'on n'avoit pas encore exécuté
fes ordres.

Cette plaisanterie fut rapportée
à Tibere ; il fit payer cet homme,
& sur-le-champ ordonna qu'il fût
mis à mort, en lui recommandant
d'aller dire à Auguste qu'il étoit
payé. Après avoir appaisé les
troubles d'Allemagne, & défait
les Marses, il fit mourir Julie sa
femme, avec Sempronius dont
elle étoit éperduement aimée. Il
se défit aussi de plusieurs personnes que sa jalousie lui rendoit
odieuses : ce Prince, ennemi du
vice dans les autres, l'étoit encore
plus de leur vertu ; il ne falloit
que se rendre recommandable par
ses-belles actions, pour s'attirer
aussi-tôt sa haine. Il rappella
Germanicus qui combattoit pour
lui en Allemagne ; car il portoit
envie à la gloire de ce jeune
Prince, & il craignoit qu'elle
n'augmentât encore en achevant

D iv

la conquête de tout le pays. Il le renvoya bientôt en Orient, mais comme Germanicus après avoir appaisé les troubles qui s'y étoient élevés, revenoit à Rome, il fut empoisonné par son collegue que Tibere avoit suborné.

L'ingratitude lui fermoit aussi les yeux sur les services qu'on lui rendoit. Il fit mourir C. Silius à qui la République avoit de grandes obligations. Ce Romain avoit commandé les armées l'espace de sept ans ; il avoit mérité les honneurs du triomphe, & c'étoit lui qui avoit appaisé les Gaules lorsqu'elles s'étoient révoltées sous la conduite de Sacrovir. Tant de services le rendoient cher à la patrie, quand, jaloux de sa réputation, Tibere résolut sa perte : il étoit offensé des discours de ce grand homme qui s'étoit vanté de lui avoir conservé l'Empire, & d'avoir retenu ses légions dans le devoir quand les autres s'étoient soulevées. La jalousie l'emporta sur les services, & l'ingratitude sur la reconnoissance. Silius fut donc accusé d'avoir dissimulé trop long temps la révolte des Gaules, & souillé sa victoire par son avarice. Là-dessus on alloit prononcer sa condamnation, quand il la prévint par une mort volontaire. Ses biens furent confisqués au profit de l'Empereur, & sa femme envoyée en exil.

Quelque temps après cette mort, Tibere, dégoûté du séjour de Rome, se retira dans l'isle de Caprée, où il se livra à toutes sortes de débauches. De ce lieu consacré à ses impiétés, sortoient tous les jours des arrêts de mort, qui jetoient l'alarme dans toutes les familles. Il se faisoit craindre de plus en plus, aussi - bien que Séjan son favori auquel il s'étoit particuliérement attaché. Ce Séjan, par divers artifices, avoit si bien gagné l'esprit de Tibere, que ce Prince lui découvroit le secret qu'il cachoit à tout le monde. C'étoit un homme fin, rusé, calomniateur, lâche, quoique d'un esprit audacieux, modeste avec un desir insatiable de régner : aussi fût ce pour y parvenir, qu'il employa tantôt le luxe & la dépense, tantôt la vigilance, & tantôt l'industrie.

Tibere qui en avoit fait le compagnon de ses débauches, n'agissoit plus que par ses conseils. Son crédit auprès de ce Prince éclata sur-tout par la mort & par l'exil de plusieurs personnes de

considération : il fit mourir entr'autres T. Sabinus, Chevalier
Romain qui avoit été ami de
Germanicus. Cet homme recommandable tant par sa naissance que
par ses vertus, portoit à Séjan
une haine irréconciliable. Comme
il blâmoit un jour l'orgueil & la
cruauté de ce favori, sans épargner
même l'Empereur, il fut entendu
par l'artifice de quatre Sénateurs
accordés avec Séjan pour le faire
périr. Aussi-tôt on le prend, il est
traîné en prison, & en même
temps l'on dépêche à Tibere pour
l'instruire de ce qui se passe.
L'Empereur écrit sur-le-champ
au Sénat : Sabinus est condamné
à mort, &, contre toute coutume,
traîné au supplice le premier jour
de l'an.

Après la mort de Livie Druzille, la domination de Tibere

devint encore plus odieuſe qu'auparavant. Avec ſa mere il perdit
toute retenue,& bientôt ſa cruauté
le porta contre ſes parents dont il
fit mourir une grande partie. Le
coupable Séjan qui ſervoit d'inſ-
trument à tant de cruautés, ne
fut pas long temps ſans en porter
la peine : il pouſſa l'inſolence
juſqu'à tourner en ridicule la
perſonne de ſon maître : ce qui
cauſa enfin ſa perte. Un jour il ſe
vanta qu'il étoit Empereur de
Rome, & que Tibere n'étoit que
Prince de l'iſle. Une autre fois il
fit repréſenter une Comédie où
l'on ſe moquoit de la tête pêlée
de Tibere. Ce Prince, qui étoit
inſtruit de tout ce qui ſe paſſoit
à Rome, ne put ſouffrir ces injures
à ſa perſonne : il ordonna au Sénat
de faire le procès à Séjan qui fut
auſſi-tôt arrêté & étranglé en

prifon. Ses enfants, quoiqu'innocents furent auffi mis à mort.
Tibere enveloppa dans la perte de
ce favori tous ceux qui lui étoient
fufpects, & dont il vouloit fe
défaire.

Ce Prince, dont les vices augmentoient à mefure qu'il vieillif-
foit, étoit alors plongé dans un
abyme horrible de débauches.
C'étoit tous les jours de nouveaux
plaifirs, & aux plus honteux en
fuccédoient encore de plus infames. Cependant fa fanté s'affoi-
bliffoit de jour en jour; il appro-
choit de fa fin, quoiqu'il ne cefsât
de remplir Rome de meurtres
& de profcriptions. Mais bientôt
il s'affoiblit au point que l'on crut
qu'il étoit expiré. Il donnoit
encore quelque figne de vie,
lorfque Macrou fon favori, ennuyé
de la lenteur de fa mort, le fit

étouffer fous dés couvertures.
Tibere mourut l'an 37, à l'âge
de foixante-dix-huit ans.

Caïus Caligula.

C. Caligula, fils de Germanicus & d'Agrippine, naquit en Germanie le 31 Août de l'an 12 de J.-C., sous le Consulat de Germanicus son pere, & de Caïus Fonteïus. Il fut élevé dès son enfance parmi les troupes d'Allemagne. Les soldats lui donnerent le nom de Caligula, du mot latin *Caliga* qui signifie chaussure militaire, parce qu'il avoit coutume d'en porter une comme un simple soldat. Caligula étoit d'un naturel inconstant, impétueux, & porté à la débauche. La corruption de son cœur se fit sentir de bonne heure, car avant qu'il eût atteint l'âge viril, on le surprit dans un incefte avec fa fœur Druzille. Enfin on peut dire que c'étoit un affemblage de crimes dont on ne fçauroit avoir trop d'horreur. Néanmoins il fçut cacher fi adroitement fes mauvaifes inclinations, qu'il fe rendit agréable à Tibere qui l'avança dans les Charges; il le fit d'abord Quefteur, & le déclara enfuite Prince de la jeuneffe. Mais il lui eût été bien difficile de tromper long-temps un homme auffi fin que l'étoit Tibere. Ce Prince découvrit tous fes vices à travers fes feintes & fes diffimulations : de forte que l'amitié qu'il lui portoit auparavant, fut bientôt changée en averfion. Il defiroit affocier à l'Empire le jeune Tibérius, fils de Drufus, au préjudice de Caligula. Mais Tibérius étoit dans un âge encore trop tendre pour conduire les affaires ; au lieu que Caligula étoit dans la fleur de son âge, & aimé du Peuple. Comme ce dernier se railloit un jour de Sylla en présence de l'Empereur, Tibere lui dit qu'il en auroit tous les vices, mais qu'il ne posséderoit aucune de ses vertus : puis les yeux baignés de larmes & serrant entre ses bras le jeune fils de Drusus que Caligula regardoit d'un air courroucé : tu tueras celui-ci, lui dit-il, & un autre t'en fera autant.

Caligula succéda à l'Empereur Tibere l'an 37 de J.-C. Le commencement de son regne fut assez modéré : il protesta aux Sénateurs qu'il n'entreprendroit rien que de leur consentement, & refusa même, par une modestie affectée, les titres honorables qu'on vouloit lui donner. Il accorda une amniſtie à tous ceux qui avoient été arrétés pour crime de leſe-Majeſté, fit élargir les priſonniers, rappella ceux que ſon prédéceſſeur avoit exilés, les rétablit dans leurs biens, & fit brûler tous les papiers qui contenoient des accuſations.

Rome, échappée aux cruautés & aux perſécutions de Tibere, reprenoit une face nouvelle. Déjà elle ſe nourriſſoit de la douce eſpérance que donne le commencement d'un regne paiſible, lorſqu'elle reſſentit tout-à-coup les atteintes de la tyrannie. Cette feinte douceur qu'affecta Caligula, ne fut pas de longue durée : on vit bientôt paroître l'homme cruel, inhumain, ſanguinaire & mépriſable. Il lâcha la bride à ſes paſſions, &, s'enſeveliſſant dans toutes ſortes de crimes, il remplit

Rome de meurtres & d'exactions abominables.

La premiere victime de sa cruauté fut le jeune Tibérius, petit-fils de l'Empereur Tibere. Le jour que ce jeune Prince entroit dans sa dix-neuvieme année, Caligula l'obligea de se donner la mort, en lui envoyant un Tribun avec ordre de le tuer.

Ce Prince, nourri à l'école des vices, d'un caractere bizarre & extravagant, eut la folie de vouloir se faire adorer comme un Dieu. Il se déguisoit tantôt en Neptune portant un trident, tantôt en Mercure avec un caducée. On le voyoit quelquefois posté entre les statues de Castor & Pollux, sous la figure d'un Hercule couvert d'une peau de lion, & le bras armé d'une massue; quelquefois aussi métamorphosé en Vénus, la

tête couronnée de myrthe, ou
en Diane, portant le javelot ou
le carquois. Souvent il recevoit
dans une niche l'encens & les
parfums qu'on brûloit en son
honneur. Il vouloit aussi être appellé le nouveau Jupiter, en se
faisant dorer la barbe, & en tenant
une fronde à la main ; lorsqu'il
voyoit se former des orages, &
les éclairs briller, il avoit des
machines avec lesquelles il imitoit
le bruit du tonnerre ; & lorsque
la foudre tomboit, il lançoit une
pierre au Ciel avec ces mots :
tue - moi, ou je te tuerai.

Les honneurs qu'il rendit à son
cheval, font bien voir jusqu'où
l'extravagance humaine peut aller. Il l'admettoit à sa table, lui
faisoit donner de l'orge dorée,
& présenter du vin dans des vases
d'or. Il lui avoit fait faire une

écurie de marbre, une auge d'ivoire, & des couvertures de pourpre auxquelles il joignit un collier de perles. Il lui avoit auſſi donné avec des domeſtiques pour le ſervir, une maiſon richement meublée, où il devoit recevoir d'une maniere diſtinguée ceux qui ſeroient priés de ſa part à ſouper. Il diſoit lui-même qu'il l'avoit fait Pontife, & avoit envie de le déclarer Conſul ; ce qu'il eût peut-être exécuté, s'il eut vécu plus long temps. Il donna encore des marques de ſon extravagance, en voulant faire conſtruire un pont ſur la mer ; mais il fut obligé d'abandonner cette folle entreprise, après y avoir dépenſé des ſommes immenſes. Tous les vaiſſeaux qui apportoient le bled d'Egypte en Italie, furent employés à ce ridicule deſſein ; ce qui cauſa une très-grande famine, qui dura juſques ſous l'empire de Claudien.

Sa folie ne lui faiſoit point oublier ſes cruautés. Le Noble, le Magiſtrat, le ſimple Citoyen, rien n'étoit à l'abri de ſa brutale fureur. Il contraignit Silanus, Proconſul d'Afrique & ſon beau-pere, de ſe donner la mort. Les théâtres, les lieux publics retentirent ſouvent des cris des innocentes victimes qu'il y faiſoit égorger. Macrou lui-même à qui il étoit redevable de l'Empire & de la vie, ne put éviter la mort. Il périt avec ſa femme & ſes enfants, par les ordres de Caligula. On dit qu'il aimoit ſi paſſionnément l'or, qu'il ſe rouloit deſſus, ne pouvant aſſez ſe raſſaſier de ſa vue. Lorſque ſes coffres étoient épuiſés & qu'il vouloit les remplir, il faiſoit la liſte de tous les gens riches de l'Empire, ordonnoit leur mort & s'emparoit de leurs biens ; c'eſt là ce qu'il appelloit mettre ſes comptes au net. Il fit mourir ainſi Gétulicus & Lepidus après les avoir accuſés de conſpiration contre ſa vie. Il s'empara enſuite de la Charge de Conſul, & la quitta preſqu'auſſitôt pour ne s'occuper qu'à inventer des ſupplices dignes de ſa cruauté. Ptolomée, Roi d'une partie de l'Afrique, fut mis à mort par ſon ordre, dans le temps qu'il faiſoit empoiſonner Mithridate, Roi d'Arménie.

Environ l'an 40 de J.-C., Caligula après avoir paſſé les Alpes à la tête d'une puiſſante armée, ſe rendit ſur les bords de l'Océan. L'Angleterre tremblante à la vue de tant de bras armés contr'elle, s'ébranloit déjà, lorsque l'Empereur rangeant son armée en bataille, la fit avancer sur le rivage. Là donnant lui-même l'exemple, il commanda aux soldats de remplir leurs casques de coquilles. Ainsi l'on vit rentrer dans Rome cette formidable armée portant en trophée les dépouilles de l'Océan. Caligula prétendit que les honneurs du triomphe lui étoient dus pour un si grand exploit ; & sur ce que les Sénateurs les lui avoient refusés, il résolut de les faire périr. Il n'exécuta pas néanmoins ce projet.

Caïus aimoit naturellement à piquer tout le monde par des injures sanglantes. Atticus & Chœrea, choqués de ses railleries, formerent, pour s'en venger, une conspiration contre lui, dans laquelle

laquelle entrerent plusieurs personnes de condition. Ils choisirent
un jour que Caligula devoit sortir
du théâtre. Chœrea commença
par l'insulter ; l'Empereur voulant
se défendre, reçut plusieurs coups,
& fut enfin poignardé par Aquila,
le 24 Janvier de l'an 41 de J.-C.

Il avoit épousé plusieurs femmes qu'il répudia l'une après
l'autre. Tant qu'il ne fut que
simple Chevalier, il eut beaucoup
de modération. Mais à peine fut-il
monté sur le Trône de l'Empire,
qu'il se déshonora par des violences qui l'ont mis au rang des
Princes les plus barbares ; ce qui
a donné lieu à ces paroles de
Suétone : qu'il fut un bon valet
& un mauvais maître.

Premiere Partie.   E

NÉRON.

IL semble que la nature, en formant Néron, se soit efforcée de faire paroître en lui ce qu'elle pouvoit de plus pour le mal. Il semble aussi que ce Prince ait voulu surpasser en crimes Tibere & Caligula ses prédécesseurs, & se faire distinguer de tous les autres Tyrans par les cruautés qu'il exerça durant son empire. Ce n'est qu'avec horreur que nous les retraçons à la mémoire : la plume à chaque page nous tombe des mains, & refuse, pour ainsi dire, de mettre au jour tant de forfaits.

Néron, fils d'Agrippine, Empereur de Rome, succéda à

Claudius qui l'avoit adopté dans
sa famille. Il monta sur le Trône
l'an 54. Dans les premieres années
de son regne, il donna beaucoup
de marques de douceur & de
clémence ; car un jour qu'on lui
apportoit un arrêt de mort à
signer, plût aux Dieux, dit-il,
d'un air touché, que je ne sçusse
pas écrire ! Mais cette bonté ne
fut pas de longue durée : il oublia
bientôt les sages conseils de
Burrhus & de Séneque à qui l'on
avoit confié le soin de son éducation ; il se livra aux désordres
de la jeunesse, & la cruauté ne
tarda pas à s'éveiller au fond de
son cœur. Elle commença par la
disgrace d'Agrippine, sa mere,
qui l'avoit élevé à l'Empire, au
préjudice de Britannicus. Ce
jeune Prince étoit alors dans sa
quatorzieme année, &, comme fils

E ij

de Claudius & de Meſſaline, il
pouvoit prétendre à l'Empire qui
lui appartenoit par le droit de la
naiſſance. Néron qui craignoit
que la diſgrace d'Agrippine ne la
portât à le chaſſer du Trône par
ſes intrigues, pour y placer enſuite
le jeune Britannicus, réſolut dès
ce moment la mort de ce Prince.
Il le fit inviter à un feſtin qu'il
feignit pour cet effet de donner
aux premiers de ſa Cour. Britannicus, comme on ſçait, s'y rendit
ſans défiance. Alors Néron fit
verſer dans ſa coupe un poiſon ſi
ſubtil, que le jeune Prince n'en
eut pas plutôt approché les levres,
qu'il perdit la parole avec le ſen-
timent. Les aſſiſtants, effrayés
d'une mort ſi prompte, s'étonnent;
mais Néron, auſſi tranquille
que s'il n'eut eu aucune part
à cette mort, dit que c'étoit un

mal dont Britannicus étoit attaqué dès son enfance, & qu'il
en reviendroit peu - à - peu. Ses
démêlés avec Agrippine s'accrurent encore par-là ; il n'en devint
que plus cruel, & dès-lors perdant
toute pudeur & toute retenue, il
se précipita dans un gouffre de
débauches dont on n'a point
d'exemples. Il couroit toute la
nuit les lieux consacrés à l'im-
pureté ; il s'habilloit en esclave,
se faisoit suivre d'une multitude de
débauchés & parcouroit ainsi les
quartiers de Rome, pillant les
boutiques, frappant les passants,
& faisant mille autres insolences.

Un jour que Julius-Montanus,
qui étoit de l'Ordre des Sénateurs, avoit été attaqué dans la
rue par ce Prince, il le frappa
rudement & le repoussa sans le
connoître ; mais il n'eut pas plutôt

appris que c'étoit l'Empereur, qu'il courut lui en demander excuſe, Néron prenant ſon repentir pour un reproche ſecret de ſes débauches, fut plus piqué de l'excuſe que de l'injure. Il le fit prendre par ſes gens, avec ordre de le faire mourir. Devenu plus hardi par la durée de ſon regne, il étendit ſa cruauté juſques ſur ſa mere Agrippine dont il entreprit bientôt de ſe défaire. Mais l'artifice dont il s'étoit ſervi pour la faire périr n'ayant pas réuſſi, il envoya vers elle des aſſaſſins qui la maſſacrerent impitoyablement. C'eſt ainſi que mourut la mere de ce monſtre : elle ſacrifia tout à la fortune de ſon fils, elle ne négligea rien pour le mettre ſur le Trône ; & lorſqu'on lui eut dit qu'il la feroit mourir un jour : n'importe, répondit-elle, qu'il me tue, pourvû qu'il regne.

A la premiere nouvelle de sa mort, Néron sentit toute l'horreur de son crime. Il étoit agité par les remords, & les furies lui déchiroient cruellement le cœur. Mais ces cris de la nature qu'on peut regarder comme les derniers efforts d'une vertu expirante, n'étoient point capables de le rappeller au devoir. Il ne cessoit point ses violences, & dans le crime, il cherchoit à oublier le crime. Ses débauches augmentoient avec ses cruautés ; il couroit de plaisirs en plaisirs, n'épargnant ni soins, ni argent pour s'en procurer de nouveaux. Il inventa des jeux sous le nom de passe-temps de la jeunesse, où tout le monde, sans distinction d'âge, de condition & de sexe, pouvoit venir prendre ses amusements. Enfin, pour mettre le comble à ses extravagances, il

E iv

monta lui-même sur le théâtre en récitant des vers à la maniere des Comédiens , & en mariant sa voix au son de la lyre qu'il touchoit avec soin & avec mesure. Souvent en habit de fille, il se faisoit porter au milieu d'une troupe de jeunes débauchés, parmi lesquels il épousoit publiquement celui qu'il jugeoit le plus digne de ses abominables faveurs.

Après avoir fait mourir Burrhus , il répudia son épousé Octavie, pour s'attacher à Poppea, qui, de concubine , devint sa femme. Octavie fut exilée par ses ordres, ensuite rappellée à Rome, où , sous prétexte d'un adultere commis avec un certain Anicete , on la fit mourir, en lui ouvrant les veines. Ainsi Néron marchoit de crimes en crimes. Ce fut alors que sortirent de sa bouche ces

détestables paroles : qu'il souhai-
teroit que le genre humain n'eût
qu'une tête pour avoir le plaisir
de la couper.

Vers l'an 64, il mit le feu dans
Rome, pour avoir la gloire de la
rebâtir, & de lui faire porter son
nom. Pendant l'embrâsement il
monta sur une tour, où, habillé
en Comédien, il chanta un poëme
sur la ruine de Troye, comme s'il
eut voulu ajouter l'insulte à une
si épouvantable cruauté. Ce feu
n'eut pas plutôt réduit une partie
de la ville en cendres, que Néron
voulut détourner son crime sur
quelqu'autre. Il punit comme
incendiaires les Chrétiens qui
demeuroient à Rome, en les
faisant expirer dans les plus cruels
supplices. Après qu'on avoit en-
veloppé de cire ces malheureuses
victimes, il y faisoit mettre le

E v

feu, s'en servoit comme de flam-
beaux, & se divertissoit à leur
clarté.

Cependant ses débauches & ses
prodigalités avoient épuisé ses
trésors : il falloit ou interrompre
le cours de ses brigandages, ou
trouver dans les rapines de quoi
fournir à de nouvelles dépenses.
Ce parti lui parut le meilleur. Il
fit aussi-tôt dévaster l'Italie, &
piller les Provinces des Alliés.
Ce qu'il y a de plus sacré dans la
religion, les temples, les statues
des Dieux, rien ne fut à l'abri de
ses violences.

Rome, accablée sous tant de
maux, gémissoit en secret sur le
sort malheureux de ses habitants,
lorsque tout-à-coup elle fit un
effort pour sortir de l'abyme où
elle étoit plongée. Elle arma Pison
contre le Tyran qui l'opprimoit,

& lui associa quantité de personnes de toutes sortes de con-
ditions. On met de ce nombre le
Poëte Lucain qui, piqué de ce
que l'Empereur jaloux de sa gloire
s'opposoit à la réputation de ses
vers, cherchoit depuis long temps
l'occasion de s'en venger. Déjà l'on
étoit convenu du moment & du
lieu de l'exécution ; déjà les conjurés étoient prêts de délivrer la
patrie, lorsque la conspiration fut
découverte à l'Empereur par Mi-
licus affranchi de Scevinus qui
étoit du nombre des Conjurés,
& qui devoit lui-méme poignar-
der Néron. Scevinus aussi-tôt est
conduit devant l'Empereur avec
Natalis son complice. Ils ne vou-
lurent d'abord rien avouer; mais
enfin, interrogés séparément, ils
nommerent Pison avec tous ses
complices. Ils accuserent même

le Philosophe Séneque. Pison, pour prévenir le supplice qui lui étoit réservé, se donna la mort en se faisant ouvrir les veines; & bientôt après Lucain, avec les autres conjurés fut mis à mort. Séneque lui-même, que l'on croit innocent, ne fut pas épargné. Néron le sacrifia à sa fureur, en lui ordonnant de se faire mourir. Ce Philosophe reçut l'arrêt de sa mort avec une fermeté digne des plus grands éloges. Ne pouvant obtenir la permission de faire son testament, il se tourna vers ses amis, en leur disant : que puisqu'on l'empêchoit de rendre ce qu'il devoit à leur mérite, il leur laissoit l'exemple de sa vie, qui étoit ce qu'il avoit de plus cher au monde. Ensuite il embrassa sa femme, en la priant de se consoler de sa perte, & de ne point le pleurer éternellement. A ces mots, il se fit couper les veines des bras & des jambes, & mourut en vrai Philosophe.

Néron, délivré de la présence importune de Séneque dont le silence même sembloit lui reprocher ses crimes, donna de nouvelles marques de sa cruauté. Après l'avoir exercé à loisir sur tous les conjurés, il fit mourir Silanus & Lucius-Vetus, avec sa belle-mere Sextia & sa fille Pollutia. Ensuite Anteus & Ostorius accusés faussement par Sosianus de tramer contre l'Empereur, furent contraints de se donner la mort, pour se dérober à sa vengeance. Anneus Mella, frere de Séneque & pere de Lucain, Rufus-Crispinus Anicius-Cerealis, & Caïus-Petronius eurent aussi le même sort. Ce Prince barbare étoit encore effrayé du danger qu'il avoit couru, au point que tous ceux qui pouvoient lui être suspects, soit coupables, soit innocents, étoient sacrifiés à sa sûreté. Rome alors n'étoit remplie que de victimes destinées à la fureur d'un Tyran odieux. Mais le moment n'étoit pas loin, qui devoit venger l'humanité outragée. Sa fortune changea bientôt de face, & la terre se vit enfin délivrée du monstre le plus affreux qu'elle enfanta jamais.

L'Armée Romaine qui étoit dans les Gaules, quitta son service, & Galba qui commandoit en Espagne, se souleva contre lui. Cette derniere nouvelle le toucha si sensiblement, qu'il tomba dans le désespoir. Tantôt il vouloit s'empoisonner, tantôt aller trouver Galba; tantôt il vouloit de-

mandet pardon au Peuple, & tantôt il vouloit prendre la fuite. Il
étoit dans une cruelle perplexité.
Voyant que tout le monde
l'abandonnoit : ferai - je donc,
s'écria-t-il, fans amis & fans ennemis ? Enfin il fut contraint de
prendre la fuite pour fe fouftraire
à la vengeance publique. Lorfqu'il fe vit fur le point d'être pris
par ceux qui le pourfuivoient, il
fe dònna la mort, ne pouvant,
dit un Auteur, avoir de plus
infame bourreau que lui-même.
Les inclinations de Néron étoient
naturellement peintes fur fon
vifage. Nous rapporterons ici la
peinture que les Hiftoriens font
de ce Prince. Il avoit, difent-ils,
les yeux petits, & couverts de
graiffe, le gofier & le menton
joints enfemble, le col gras, le
ventre gros, & les jambes minces.

Ce portrait, pour n'être point
flatté, n'en eſt pas moins vérita-
ble; il nous fait voir que la nature
avoit donné à Néron un corps
digne de loger les vices de
l'eſprit.

DOMITIEN.

DOMITIEN fut le dernier de la famille des Céfars, qui gouverna l'Empire de Rome. Il étoit fils de Vefpafien, & frere de Tite auquel il fuccéda. Depuis fa naiffance jufqu'à l'avénement de fon pere à l'Empire, il vécut dans une très - grande pauvreté. Il s'appliquoit à tirer de l'arc, & furpaffoit, dit - on, les plus habiles en ce genre. Ce Prince étoit bien fait, d'une taille avantageufe, affectant beaucoup de pudeur & de modeftie. Il perdit fes cheveux de bonne heure, ce qu'on attribue à fes débauches. Ce défaut dans fa perfonne le touchoit fi fenfiblement, qu'il puniſſoit avec rigueur tous ceux qui ſe railloient devant lui des perſonnes qui avoient la même difformité.

Le deſir de régner le fit attenter à la vie de ſon frerè ; il l'empoiſonna , & ravit à la patrie celui qui en faiſoit les délices. Dans le commencement de ſon regne ſa domination fut aſſez douce & modérée. Il ſemble qu'il pouvoit par-là raſſurer la patrie qui le regardoit déjà comme un Tyran , ou du moins la dédommager de la perte de Tite , en lui montrant quelques - unes de ſes vertus. Il publia des loix, porta la guerre en Ecoſſe , attaqua les Celtes & rangea dans le devoir pluſieurs autres Peuples de la Germanie. En s'appliquant à maintenir la puiſſance de Rome , il travailloit auſſi à ſon embelliſſement.

On acheva par ſes ordres pluſieurs édifices qui avoient été commencés ſous les regnes précédents ; il en fit lui-même bâtir d'autres qu'il porta à leur perfection. Tel parut Domitien au commencement de ſon regne ; mais bientôt il ceſſa de feindre, le maſque tomba, & ſa cruauté parut à découvert. Il ſe défit de pluſieurs perſonnes de conſidération, perſécuta cruellement les Chrétiens, & voulut en les exterminant éteindre juſqu'à leur nom. Il fit enterrer toute vive la premiere des Veſtales nommée Corneila, ſous prétexte d'incontinence. Mais ce fut la cruauté plutôt que la vertu, qui le conduiſit dans cette occaſion ; car il avoit déjà donné des marques de lubricité, & ſes débauches ne le cédoient en rien à ſes violences.

Il vécut long - temps avec sa propre niece, comme avec sa femme
légitime : il avoit aussi à ses ordres
un grand nombre de jeunes débauchés parmi lesquels il alloit
prendre des plaisirs aussi infames
qu'illicites. C'étoient là ses plus
doux amusements, qu'il n'inter-
rompoit le plus souvent que pour
se livrer à la cruauté.

Souvent aussi dans les premiers
temps de son regne il avoit coutume de se retirer dans son ca-
binet, où il se plaisoit à prendre
des mouches & à les percer avec
un poinçon fort aigu. Ce fut cette
occupation singuliere qui donna
lieu au bon mot d'un certain
Vibius - Crispus à qui l'on demandoit un jour s'il n'y avoit
personne avec l'Empereur : non,
répondit cet homme, il n'y a pas
même une mouche.

Les titres qu'il exigeoit dans les requêtes qu'on lui préfentoit, font voir jufqu'où il portoit la vanité. Il fe faifoit appeller Dieu & Seigneur, trouvant mauvais qu'on ofât le nommer autrement.

Domitien fe préparoit à de nouvelles cruautés. Déjà les victimes de fa fureur étoient fur le point d'être immolées, lorfque la mort de ce Prince vint tout-à-coup à en arrêter le facrifice. Il fut affaffiné par Etienne, affranchi de fa femme Domitia qui étoit elle-même fon complice. Sa mort arriva l'an 96 de l'ere chrétienne. Il étoit âgé de quarante-quatre ans, & en avoit régné treize.

Ce Prince, la veille du jour qu'il fut affaffiné, eut un fecret preffentiment de fa mort ; car ayant commandé qu'on lui gardât, pour le lendemain du fruit dont on lui avoit fait préfent , il ajouta : du moins ſi nous pouvons en manger.

L'on dit auſſi que dans le même moment qu'il fut poignardé , Apollonius de Tyane s'écria, dans une harangue qu'il faiſoit au Peuple d'Epheſe : frappe le Tyran. Mais comme la vérité de ce fait n'eſt pas bien avérée , & que ce récit a plutôt l'air d'une fable que d'un trait d'hiſtoire, nous laiſſons croire au Lecteur judicieux ce qu'il jugera là-deſſus de plus raiſonnable.

COMMODE.

Cᴏᴍᴍᴏᴅᴇ, Empereur Romain, & fils de Fauſtine, ſuccéda à Marc-Aurele le 17 Mars de l'an 180. Ce Prince avec l'Empire n'hérita pas des vertus de ſon pere : ſes cruautés & ſes débauches oppoſées à la clémence & à la ſobriété de Marc - Aurele , firent croire qu'il n'étoit pas ſon fils légitime, mais qu'il étoit né d'un commerce inceſtueux qu'eut Fauſtine avec un gladiateur qu'elle aimoit. Il étoit fin, inconſtant, d'un naturel barbare,& d'un eſprit porté à la débauche. L'excellente éducation qu'on lui donna de bonne heure ne put ni déraciner, ni corriger en lui tous ces vices.

Il ne se plaisoit que dans le mal
qui lui faisoit rejeter la vertu.
Aussi fut-ce en vain que ses Précepteurs, qui étoient des Philo-
sophes aussi sages que sçavants,
firent tous leurs efforts pour
changer son mauvais caractere. Il
marcha sur les traces de sa mere
qu'il surpassa en déréglements &
en libertinage. Enfin ses manieres
tenoient plus d'un gladiateur que
d'un Prince : ce qui peut fort bien
avoir confirmé les soupçons que
l'on a sur son origine.

Dès l'âge de douze ans il donna
des marques de cette cruauté qui
l'a rendu si détestable dans la
suite ; car un jour comme il étoit
à prendre les bains, selon sa coutume, il ordonna de jeter au feu
celui qui en avoit la direction,
disant que l'eau qu'il lui avoit
apprêtée étoit trop tiede, & qu'il
falloit

falloit par-là l'échauffer davantage. Il n'avoit ni crainte ni piété envers les Dieux ; il ne respectoit pas davantage les loix de la nature, & la justice jamais ne dirigea ses actions. Les Ministres d'un Prince si vicieux suivoient le torrent de ses débauches ; ils applaudissoient à ses actions les plus honteuses, en commettoient eux-mêmes, qui n'étoient pas moins infames, &, autorisés par l'exemple de leur maître, ils causoient par-tout des maux incroyables.

Rome qui avoit respiré quelque temps sous le regne du sage Marc-Aurele, étoit encore plongée dans un abyme de maux : elle voyoit avec douleur succéder au meilleur des Princes le plus cruel des Tyrans ; & triste à la vue du fils, elle pleuroit sur le tombeau du pere la perte de sa liberté. Ainsi

Premiere Partie. F

Marc-Aurele se faisoit regretter, tandis que son fils devenoit de plus en plus l'exécration du genre humain. Il joignit bientôt la folie à la cruauté ; & comme s'il eut rougi des vertus de son pere, ou plutôt comme si le nom de Marc-Aurele eut été un reproche secret de ses crimes, il le quitta pour prendre celui d'Hercule. Alors il se fit adorer comme fils de Jupiter ; on lui dressa des autels, & bientôt il exigea des sacrifices. Le Sénat qui craignoit d'irriter sa fureur par des refus, se soumit à ses volontés, en lui faisant rendre les honneurs divins. Par-tout l'encens fumoit sur ses autels ; on lui faisoit des offrandes comme à une Divinité : il les agréoit, & se plaisoit à se voir ainsi adorer. Content de ces honneurs & affectant la majesté d'un Dieu, il

se promenoit dans les rues de
Rome, couvert d'une peau de lion,
& tenant une maſſue à la main :
ſouvent auſſi il ſe rendoit dans les
places publiques, où l'on avoit raſ-
ſemblé, ſelon ſes ordres, un grand
nombre de malades : là il paroiſſoit
vêtu à la maniere d'Hercule , &
pour imiter dans ſes actions ce héros de la fable, il aſſommoit impitoyablement à coups de maſſue
ces malheureuſes victimes qui ne
pouvoient ſe dérober à ſa fureur.

Il fit mourir une infinité de
Sénateurs, ſous des prétextes plus
faux que véritables. Il n'épargna
pas non plus les perſonnages con-
ſulaires, ni les principaux Officiers
de l'Etat. Tous ceux qui
avoient le malheur de lui déplaire
étoient perdus ſans reſſource : &
lorſqu'il manquoit de prétextes
ſuffiſants pour les faire mourir, il

alléguoit des conjurations imaginaires qu'il formoit lui-même. Il se plaignoit au Sénat du danger que couroit sa personne, demandoit & obtenoit la mort des prétendus conjurés. Après avoir fait mourir de cette maniere une multitude considérable de personnes toutes aussi innocentes qu'illustres par leur naissance & par leur vertu, il se livra à des excès qu'on voudroit pouvoir cacher dans les ténebres de l'oubli.

Il commit avec ses sœurs des incestes qui révoltent la nature : il ne rougit pas même de donner à l'une de ses concubines le nom de sa mere, Sa lubricité étoit alors montée à son plus haut point: il entretenoit dans un serrail trois cents jeunes filles avec autant de garçons qui servoient tour-à-tour à ses plaisirs infames.

Les premieres Charges de l'Etat n'étoient plus accordées ni à la naissance ni à la vertu, le mérite en étoit exclus ; & ceux qui en étoient les moins dignes, étoient les seuls qui les possédoient. Le gouvernement des Provinces n'étoit aussi confié qu'à des personnes sans foi, sans honneur & sans probité : c'étoit là la récompense due aux crimes de ces scélérats qui, devenus plus hardis, en devenant plus puissants, suivoient l'exemple du Prince, & portoient par-tout avec eux la désolation. Tels étoient les personnages dont se servoit Commode. Les brigands, les scélérats, les criminels dignes des plus grands supplices, étoient les seuls agréables à ses yeux : les personnes innocentes n'osoient se présenter devant lui, il les sacrifioit

à sa cruauté, & se plaisoit à voir
couler leur sang. La vertu avoit
pour lui quelque chose de honteux. Il mettoit sa gloire dans le
crime aussi - bien que dans des
occupations qui sont indignes de
la majesté d'un Prince. Il ne manquoit jamais de se trouver aux
combats des athletes & des gla-
diateurs. Souvent il paroissoit
dans le Cirque, armé d'un ceste ;
souvent le bouclier au bras &
l'épée à la main, il s'avançoit au
milieu de l'amphithéâtre. Là plus
jaloux de montrer son habileté
dans le métier de gladiateur que
dans l'art de gouverner ses Etats,
il se donnoit en spectacle au
Peuple, & fier d'attirer sur lui
tous les regards, il se plaisoit à
égorger de sa main tantôt des
tigres, des lions, des léopards,
& tantôt d'autres bêtes féroces.

Enfin voulant se défaire de Martia l'une de ses concubines, de Lœtus, Capitaine de ses Gardes, & d'Electus, son premier Officier, il fut prévenu par ceux qu'il croyoit surprendre, & bientôt sa mort délivra la terre du monstre qui la désoloit. Comme il sortoit du bain, Martia lui présenta du vin empoisonné qu'il but sans aucune défiance. Mais comme le poison quoique très - violent n'agissoit pas avec assez de force sur son tempérament fort & robuste, cette femme le fit étrangler par un athlete nommé Narcisse : ce qui arriva le dernier jour de l'an 192. Il étoit alors dans la trentieme année de son âge: son regne fut de douze ans, un mois & quatorze jours. Ce Prince étoit très bien fait de corps; il avoit l'air noble & majestueux, mais mal-

F iv

heureufement ce foible avantage étoit bien effacé par la corruption de fes mœurs. Il étoit cruel à l'excès, fans reconnoiffance & fans fidélité pour fes amis ; enfin Rome vit dans Commode un fecond Néron.

CARACALLA.

CARACALLA, fils & successeur de Septimius-Sévere, parvint à l'Empire le 4 Février de l'an 211. Il fit paroître dans son enfance beaucoup de douceur & de modération; ce qui lui gagna d'abord l'estime des Romains dont il encourut ensuite toute la haine. Tant que son pere le laissa sous la conduite des sages précepteurs qui l'avoient nourri jusques-là dans les sentiments de la vertu, il fut doux, sage & modéré; mais il ne fut pas plutôt sorti de leurs mains, qu'il se montra tel qu'il fut dans la suite. Sévere, qui croyoit en faire un grand Prince, n'en fit qu'un monstre, & bientôt il eut la douleur de le voir attenter à ses jours.

Impatient de monter sur le Trône, il résolut de tuer son pere, afin d'arriver plus vîte à l'Empire. Il chercha dès ce moment l'occasion favorable pour exécuter son cruel parricide, & bientôt elle se présenta. Saisissant donc le moment où Sévere s'étoit avancé de quelques pas devant lui, il tira son épée, & alloit incontinent lui en abattre la tête, si les Gardes qui l'entouroient n'eussent aussi-tôt poussé un grand cri qui retint le bras de ce fils barbare. Sévere, effrayé à cette vue plus de l'horreur du crime, que du danger qu'il venoit de courir, ne put surmonter sa douleur, il tomba dans une langueur qui le conduisit au tombeau un an après.

Délivré de son pere, Caracalla revint en diligence à Rome, pour

y jouir de fon crime. C'étoit lui
qui avoit caufé la mort de Sévere ;
il ne s'en repentoit pas , & loin de
cacher fa joie fous les dehors de
la triftelle , il la fit éclater aux
yeux de tout le monde. Non content d'avoir fait mourir fon pere ,
il tourna encore fa cruauté contre
les Médecins qui l'avoient fecouru
dans fa maladie ; il les fit mourir
tous , pour n'avoir point abrégé
fes jours.

   Ce fils dénaturé qui n'avoit pu
fouffrir fon pere fur le Trône ,
n'y put auffi endurer de compagnon. Il tua fon frere Géta entre
les bras de fa mere , & fe délivra
par-là d'un concurrent à la Couronne. Cette mort fut bientôt
fuivie de celle du Jurifconfulte
Papinien. Ce grand homme , ennemi de la flatterie auffi-bien que
du crime , ne voulut point ap-

prouver sa conduite, ni lui prêter sa voix pour défendre son parricide : ce refus irrita Caracalla, & coûta la vie à son auteur. Il fit périr en même temps tous ceux qui avoient été attachés à la fortune de Sévere, sans épargner aussi les amis & les partisans de Géta. Ensuite, pour mettre le comble à ses infamies, il épousa Julie, veuve de son pere, qui fut contrainte de faire ses volontés.

Tant de forfaits accumulés les uns sur les autres le rendirent bientôt l'objet de l'exécration publique. Le nom de Caracalla devint odieux à tout le monde ; & le voyage que ce Prince fit en Orient, ne servit qu'à le noircir encore davantage. Par-tout où il passoit, il laissoit des marques de sa fureur. Il ne fut pas plutôt arrivé dans Alexandrie, qu'il

remplit cette ville de meurtres &
de carnages. Il viola les droits les
plus sacrés, trahit indignement la
parole qu'il avoit donnée à Abga-
re, Roi d'Edesse, son Allié, s'assura
de sa personne, & se rendit maître
de ses Etats. Il ne traita pas mieux
le Roi d'Arménie & le Roi des
Parthes dont il envahit aussi les
Etats : il les trompa l'un & l'autre
par ses artifices, & commit encore
mille autres injustices semblables.
Mais tant de crimes ne demeu-
rerent pas impunis. Ils armerent
contre lui la main de ses Sujets,
dont il reçut la récompense que
méritoient ses forfaits. Quelques-
uns de ses principaux Officiers
conspirerent contre lui ; & comme
il alloit d'Edesse à Charrès, ville
de Mésopotamie, le Centurion
Martial qui avoit été gagné par
Macrin, chef de la conspiration,

trouva le moyen de s'en défaire. Il saisit le temps où Caracalla s'étoit écarté de sa suite, pour satisfaire aux nécessités de la nature, Il courut sur lui, & d'un coup de poignard l'étendit mort sur la place. Ce Prince fut tué l'an 217, à l'âge de vingt-neuf ans, après en avoir régné six. Le nom de Caracalla lui vient d'un habille-ment qu'il portoit à la maniere des Gaulois : ce nom lui plaisoit, & il le préféra toujours à celui de Marc-Aurele Antonin.

Quoiqu'il n'eût rien fait que d'infame, il prit les noms de Germanique, de Parthique & d'Arabique ; ce qui fit dire à Helvius Pertinax, fils de l'Em-pereur de ce nom, qu'il y falloit ajouter encore celui de Gétique, faisant sans doute allusion par-là à la mort de Géta. Cette raillerie fine lui coûta la vie.

Caracalla réuniſſoit en lui tous les vices poſſibles. Il étoit fourbe, ſuperſtitieux, adonné au vin & aux femmes : ſon regne ne fut qu'un enchaînement continuel de crimes, on compte juſqu'à deux mille perſonnes innocentes qui furent maſſacrées par ſes ordres. Enfin on peut repréſenter ce Prince ſous les couleurs les plus hideuſes, ſans craindre d'être accuſé d'avoir un peu trop noirci les traits de ſon tableau.

HÉLIOGABALE.

HÉLIOGABALE, succeſſeur de Macrin, avoit été Prêtre du Soleil avant ſon élection à l'Empire. Il étoit fils d'Antonin, ou, ſelon quelques auteurs, de Varius-Marcellus. D'autres lui donnent pour pere Caracalla, & pour mere Soëmie ou Sémiamire. Les troupes mécontentes de Macrin à cauſe qu'il puniſſoitſévérement, l'élurent en ſa place l'an 218, ſous le nom de Marc-Aurele Antonin, qu'il a toujours porté depuis. En arrivant à Rome, il donna des marques d'une folie juſqu'alors inouie. Il voulut former un Sénat de femmes pour juger les cauſes de celles de ce ſexe, & dont ſa mere devoit être

la Préfidente. On travailloit déjà
à former les membres de cette il-
luftre affemblée, lorfque plufieurs
Sénateurs, pour s'être oppofés à
ce ridicule deffein, furent mis à
mort. Ce fut là le commencement
des cruautés du Tyran, qui jointes à fes extravagances le font
regarder comme un meurtrier &
un idolâtre fou. Il avoit amené
d'Emefe à Rome la ftatue de fon
Dieu nommé Elagabale dont il
étoit le Prêtre. Il lui éleva un
Temple, où il lui faifoit rendre
un culte tout particulier, avec
défenfes de porter ailleurs des
hommages, difant que les autres
Dieux n'étoient que les ferviteurs
du fien. Ce Prince fe fouilla par
tant de crimes, qu'il fut fur-
nommé le Sardanapale de Rome.

Pour fatisfaire fon luxe & fa
fomptuofité dans les repas, il

faifoit couvrir fa table d'oifeaux ra-
res & inconnus à Rome. On alloit
les chercher jufques dans les Provinces les plus éloignées. Le bau-
me brûloit dans les lampes qui
éclairoient fon palais, & des eaux
de fenteur formoient des pifcines,
où il alloit prendre les bains. Il
vendoit les honneurs des Charges & des dignités avec le pouvoir
de tout faire impunément. Le
Sénat étoit rempli alors de gens
fans diftinction d'âge & de qualité: ce n'étoit point le mérite qui
les admettoit aux premieres places, l'argent leur en faifoit un
qui fuffifoit pour acquérir ces
honneurs.

Héliogabale changea de plus
de quatre femmes en moins de
quatre ans de regne. Enfin il
commit tant d'actions infames,
qu'il fe fit détefter de tout le

monde, particuliérement de ses gardes qui le tuerent dans le camp avec sa mere, pour empêcher par sa mort celle du jeune Alexandre, fils de Mammée que le Sénat avoit nommé César, du vivant de Macrin, & qu'Héliogabale avoit dessein de faire périr. Cet Empereur fut assassiné le 11 Mars de l'an 222. Quelques-uns rapportent différemment la cause de sa mort : il fit, dit-on, venir d'Afrique une idole qu'il nommoit Céleste, & qu'on croit être la lune ; il voulut la marier avec son Dieu le Soleil, il en célébra les nôces, fit immoler beaucoup d'enfants choisis : ce qui révolta le Peuple, & le fit massacrer lui - même après trois ans de regne, à l'âge de vingt ans. Le Peuple, pour se venger de lui après sa mort, traîna son corps & celui de sa mere dans les rues de Rome : enfuite il les jeta dans un cloaque, puis dans le Tibre qui leur fervit de fépulture.

MAXIMIN.

Caïus Julius-Maximinus, de simple Berger devint Empereur de Rome. Il étoit de Thrace, & naquit, dit-on, d'un Goth & d'une Alaine. Il commença par suivre le parti des armes : d'abord il fut simple Cavalier, ensuite il devint Garde-du-Corps. La taille gigantesque de Maximin, son air mâle & assuré, son courage qui lui faisoit affronter les plus grands périls, lui gagnerent si bien l'estime & l'affection des soldats, qu'il fut proclamé Empereur l'an 235. On le soupçonne d'avoir contribué à la mort de son prédécesseur, & de s'être par-là frayé un chemin à la tyrannie. Dès le

commencement de son regne, il
persécuta cruellement les Chrétiens, disant que les tremblements
de terre qui avoient renversé plusieurs villes de l'Empire, venoient
de ce qu'on toléroit le culte de
Jesus-Christ.

Maximin étoit brutal, grossier,
sanguinaire & impitoyable. Il auroit été plus digne de commander
à une troupe de bêtes farouches
qu'à des hommes. Ses cruautés
lui firent donner les noms les plus
abominables. Il fut surnommé le
Busiris, le Typhon & le Gygès
de son siecle. Les Temples étoient
sans cesse remplis de femmes &
d'enfants qui, embrassant les Autels, prioient les Dieux de purger
la terre de ce monstre avide de
sang. Rome, comme dans une
calamité publique, adressoit ses
vœux au Ciel pour obtenir la

mort du Tyran qui l'opprimoit,
tant on avoit horreur de ses crimes, & tant on craignoit son
naturel barbare & violent. C'est
ainsi que Maximin, abhorré de ses
Sujets, devenoit de plus en plus
l'objet de la haine des Peuples.

La bassesse de son extraction
lui revenoit souvent à l'esprit. Il
ne pouvoit supporter ceux dont
la naissance sembloit lui reprocher
son origine obscure: aussi ne man-
quoit-t-il point de la sacrifier à sa
fureur. Il n'épargna pas même ses
plus fideles amis à qui il devoit
toute sa fortune. Rien ne pouvoit
mettre un frein à sa fureur : il
violoit les droits les plus sacrés
de l'amitié, & l'ingratitude ajou-
toit encore à l'horreur de ses
crimes. C'étoit, comme nous
l'avons déjà dit, principalement sur
ceux que distinguoit la noblesse

de leur origine, qu'il exerçoit sa cruauté. Il les faisoit attacher en croix, puis ensevelir dans des peaux de bêtes qu'on écorchoit exprès. Tantôt il se plaisoit à les voir dévorer par des lions & des tigres, tantôt il les faisoit assommer à coups de bâtons. Son insolence n'étoit pas moins grande que sa cruauté. Il écrivit au Sénat en des termes remplis d'orgueil & d'arrogance, se vantant d'avoir surpassé par ses belles actions les plus grands Capitaines.

Cependant le Sénat, à la sollicitation du Peuple, entreprit de mettre fin à tant de crimes. Il choisit vingt hommes pour gouverner la République & la défendre contre Maximin qu'il déclara aussi-tôt ennemi de la patrie. Ce Prince entra dans une si étrange fureur à cette nouvelle,

velle, qu'il faillit à tuer son fils dans son désespoir. Il se rendit d'Allemagne en Italie, & vint mettre le siege devant Aquilée. Cette Ville qui se défendit courageusement, tint si long temps contre lui, que ses soldats, rebutés de la longueur du siege & plus encore de sa barbarie, l'assassinerent avec son fils qu'il avoit associé à l'Empire. On exposa leurs corps aux bêtes féroces, après qu'on eut envoyé leurs têtes à Rome. Tel est le juste châtiment que Maximin reçut de ses crimes. Il mourut l'an 238, dans la soixante-cinquieme année de son âge, & la troisieme de son regne. On rapporte que ce Prince avoit jusqu'à huit pieds de haut. Son appétit étoit proportionné à sa taille : il mangeoit quarante livres de viande &

Premiere Partie. G

buvoit, dit-on, douze bouteilles de vin par jour. La nouvelle de sa mort causa tant de joie aux Romains, que pour en rendre graces aux Dieux, ils leur offrirent des hécatombes de cent bœufs.

CLOVIS.

CLOVIS, premier Roi de France, étoit fils de Childéric & petit - fils de Mérovée. Ce Prince ne dut ses victoires qu'à ses armes. Il étoit plein de courage, & les grands desseins qu'il joignoit à tant de valeur, faisoient voir en lui l'homme de tête & l'homme de main. Mais ces belles qualités étoient ternies par une cruauté inouie : il étoit fourbe, violent, sanguinaire, conservant la vengeance dans son cœur ; enfin sa barbarie fait disparoître le Héros, & ne laisse voir que l'homme cruel.

Fait plutôt pour commander que pour obéir, il ne souffroit

qu'avec impatience le joug des Romains qui tenoient asservis sous leurs Loix, presque tous les Peuples de l'Univers. Aussi n'oublia-t-il rien pour se soustraire à des maîtres aussi puissants. A peine entroit-il dans la vingtieme année de son âge, qu'il entreprit de s'affranchir de leur domination. Le succès couronna son entreprise hardie. Il leva des troupes, & s'étant mis à leur tête, il marcha contre Syagrius, fils du Comte Gilles, & Gouverneur pour les Romains dans la Gaule. Arrivé sur les terres de son ennemi, il envoya un Hérault pour le défier au combat. Syagrius l'accepta; il mit ses troupes en campagne, & bientôt les deux armées en vinrent aux mains. Au premier choc l'armée des ennemis est renversée : par-tout où se porte

Clovis, la victoire le suit; il taille
en pieces tout ce qui reste des
combattants, & les troupes des
Romains passéesau fil del'épée de-
meurent sur le champ de bataille.
Leur chef échappé presque seul
de la déroute, chercha son salut
dans la fuite : il se retira chez les
Visigoths. Mais Clovis, sans perdre de temps, va sommer Alaric
leur Roi de lui livrer le fugitif
avec menace de lui faire la guerre,
s'il le déroboit à sa vengeance.
Syagrius est remis entre les
mains du vainqueur, qui, pour
souiller sa victoire par la mort de
son captif, lui fit trancher la tête.
Ce Prince alla ensuite mettre le
siege devant Soissons, qu'il emporta au bout de quelques jours.
Les autres places qui tenoient
encore pour les Romains inti-
midés par la prise de cette Ville,

ouvrirent leurs portes, pour se souſtraire à la vengeance d'un vainqueur irrité.

Clovis, maître, par ſa victoire, d'une partie de la Gaule, tâcha de s'y maintenir en arrêtant la licence effrénée d'une armée victorieuſe. Cependant, malgré tous ſes ſoins, il ne put empêcher le pillage de quelques Egliſes. Tout le monde ſçait ce qui ſe paſſa en cette occaſion. Un ſoldat, à la priſe de Soiſſons, s'étoit emparé d'un vaſe ſacré qui fut redemandé par Saint - Remy, Archevêque de Rheims. Clovis en parla à ce ſoldat, qui, ſans ſe ſoucier des ordres de ce Prince, prit une hache, & en fendit le vaſe à ſes yeux, diſant que la dépouille des ennemis devoit être commune entre les vainqueurs. Le Roi diſſimula ſon reſſentiment, pour s'en venger à la premiere occasion. Un jour comme il faisoit la revue générale de ses troupes dans le champ de Mars, il trouva les armes de ce soldat mal en ordre, &, sous ce beau prétexte, lui fendit cruellement la tête d'un coup de sa francisque : c'est ainsi, lui dit-il, que tu frappas le vase devant Soissons : action digne plutôt d'un bourreau, que d'un Roi.

Quelques années après, sur le bruit que Basin, Roi de Thuringe, avoit fait une invasion subite sur la partie de ses Etats située au-delà du Rhin, Clovis assembla promptement ses troupes, & alla se jeter sur les terres de son en‑nemi, portant par-tout le fer & le feu : il le força non seulement à lui demander la paix, mais encore à lui payer un tribut perpétuel. Ensuite il épousa Clotilde, fille

de Gondebaud, Roi des Bour-
guignons. Cette jeune Princesse,
recommandable par sa beauté
singuliere, l'étoit encore plus par
sa piété. Ce fut, dit - on, à sa
persuasion, que Clovis, après avoir
défait les Allemands, embrassa
la Religion Catholique. Mais ce
changement de Religion n'en
apporta aucun à son caractere
naturellement inhumain.

Les cruautés qu'il exerça contre
ses parents, pour envahir leurs
Etats, le font regarder à juste
titre comme un Prince barbare.
Quoique quelques-uns se soient
plu, dit-on, à en faire un Saint,
ce n'est qu'avec horreur qu'on
se rappelle ses violences. Il fit
mourir par ses intrigues, Sigebert,
Roi de Cologne, avec son fils
Clodoric; Cararic, Roi des

Morins, & son fils furent d'abord rasés, & ensuite massacrés par ses ordres. Il tua de sa main Ragnachaire, Roi de Cambrai, avec son frere Riquier, & fit assassiner par des gens qu'il avoit subornés Renomer, Roi du Mans, dont le frere subit aussi le même sort.

Clovis mourut l'an 311, à l'âge de quarante-cinq ans, emportant avec lui la honte de tant de crimes. Ce fut sans doute pour l'effacer, qu'il fonda avant sa mort un grand nombre d'Eglises & de Monasteres ; ce qui l'aura peut-être fait regarder comme un Saint par ceux qu'il avoit consacrés au culte de ces temples. Mais l'humanité outragée rappelle de leur jugement à celui de la juste postérité, qui ne balance pas à le mettre, par ses cruautés, au rang

des Tiberes & des Nérons. Ces-
Tyrans ordonnoient les meurtres : ils en étoient les auteurs,
mais non pas les exécuteurs.

PHOCAS.

PHOCAS, fameux Tyran, monta par ses crimes, sur le Trône d'Orient. Il étoit d'une naissance obscure ; mais, après avoir passé par tous les degrés militaires, il vint à bout d'ôter la Couronne à l'Empereur Maurice qu'il dépouilla en même temps de ses Etats. Son entrée dans Constantinople fut signalée par ses violences : il fit d'abord mourir le Prince qu'il avoit détrôné, ensuite il tourna sa barbarie contre les fils qui partagerent le sort de leur pere. L'Impératrice avec ses filles auroit eu la même destinée, si le Peuple ne l'eut mise à couvert de ses cruautés. Elle ne put cependant se dérober à sa fureur, il la fit périr avec ses filles, & plusieurs personnes de qualité, sur le bruit qu'on faisoit courir que Maurice avoit laissé un fils nommé Théodose, qui paroîtroit bientôt en état de chasser le Tyran.

Malgré tant de cruautés, il affecta pendant quelque temps de gouverner le Peuple avec beaucoup de douceur, mais enfin il s'en lassa. Il le réduisit à une cruelle servitude, & ne se montra plus que sous les dehors d'un Tyran odieux. Il se laissa aller à toutes sortes de crimes, enlevant les femmes qui lui plaisoient, & punissant de mort les maris qui osoient se plaindre de ses violences. Sur ces entrefaites, Cosroës, Roi de Perse, entreprit de venger la mort de Maurice qui avoit été son ami & son allié : il se jeta sur les

terres de l'Empire, conquit la Syrie, la Paleſtine, la Phénicie, l'Arménie, & porta ſes armes juſqu'en
Chalcédoine, pendant que les
Avares, les Eſclavons & autres divers Peuples faiſoient le dégât dans
l'Europe, où ils exerçoient tout
ce que la guerre a de plus affreux.
Phocas, inſenſible à tant de per-
tes, & comme de concert avec ſes
ennemis, augmentoit encore la
déſolation; il exerçoit des cruautés inouies ſur - tout contre les
premiers de l'Empire, dont il
envoya un grand nombre en exil.
Mais ils ne furent pas long-temps
ſans ſe venger ; ils profiterent de
leur banniſſement, pour ſe rendre
auprès d'Héraclius, Gouverneur
d'Afrique, qui les aida de tout
ſon pouvoir. S'étant mis à leur
tête, il marcha contre l'Empereur
qu'il battit, & qu'il traita d'une

maniere aggravante, après s'être rendu maître de sa personne par le moyen d'un certain Photius dont le Tyran avoit enlevé la femme. Aussi-tôt qu'il fut entre ses mains, on lui arracha la robe impériale, pour lui mettre un habit de deuil. Il reçut les affronts les plus ignominieux, & pour le punir de sa cruauté, Héraclius lui fit couper les pieds, les mains & les parties qui distinguent le sexe; enfin après l'avoir fait souffrir par tant de supplices, on lui trancha la tête la septieme année de son regne, en 610.

ANDRONIC.

ANDRONIC I, s'empara du Trône de Constantinople, en 1183. Il étoit petit-fils de l'Empereur Alexis, & cousin-germain de Manuel dont il s'attira la haine par sa mauvaise conduite. Il demeura long-temps en exil. Mais enfin on l'en rappella, pour le pourvoir d'un petit Gouvernement qui le mit en état de travailler à ses desseins ambitieux. Il ne fut pas long-temps sans devenir le chef d'un parti : plusieurs Seigneurs avoient été offensés par Marie, mere & tutrice d'Alexis II, fils de Manuel : Andronic qui prit connoissance de l'insulte qu'ils avoient reçue, ne manqua

pas de les porter à la vengeance :
il se mit à leur tête, & sans dif-
férer se rendit à Constantinople.
Il ne fut pas plutôt arrivé dans
cette Ville, qu'après en avoir
chassé Marie, il fit étrangler le
jeune Alexis : ensuite il prit en
main les rênes de l'Empire. Son
regne fut court, mais rempli
d'actions de cruauté qui font
frémir. Il fit massacrer un nombre
considérable de ses Sujets. Aux
environs de Nicée, de Bude &
Lopade en Bithynie, les chemins
étoient jonchés de morts & les
arbres couverts de cadavres in-
fects : par - tout on voyoit les
corps des malheureuses victimes
qu'il avoit immolées à sa barbarie.
C'étoit peu pour lui de leur ôter
la vie, il les privoit encore de la
sépulture après leur mort.

Le droit sacré qui existe entre

lés Nations, ne fut pas à l'abri
de fes outrages. Il fit mourir un
Légat du Saint - Siege, que le
Pape Luce lui avoit envoyé en
Orient, pour la réunion de l'Églife
Grecque avec la Latine.

Telles étoient les violences
qu'exerçoit Andronic, lorfqu'un
de fes neveux qu'il avoit relegué
dans la Scythie, brifa fes fers,
& vint foulever contre lui le Roi
de Sicile chez lequel il s'étoit
refugié. Guillaume auffi-tôt ayant
paffé la mer, prit quelques places
fur Andronic qu'il vint affiéger
lui - même dans Conftantinople.
Le Tyran, effrayé du péril dont il
étoit menacé, eut alors recours
à la flatterie. Il gagna par-là fes
Sujets qui, trompés par fes belles
promeffes, l'aiderent à repouffer
fes ennemis. Mais il ne fut pas
plutôt hors de danger, qu'il

recommença ses cruautés avec autant de violence qu'auparavant. Enfin on s'en lassa, & Andronic ne tarda pas à recevoir la punition de ses crimes. Isaac l'Ange qu'il vouloit faire périr, s'étant sauvé dans une Eglise, le Peuple qui le prit sous sa protection, le proclama Empereur à sa place. Aussi-tôt on se saisit du Tyran, on lui creva les yeux, & après l'avoir promené par toute la Ville avec ignominie, on le pendit le 12 Septembre de l'an 1185. Le Peuple, pour assouvir sa vengeance, le tira du gibet où il étoit attaché, & le déchira par morceaux.

HENRI LE CRUEL.

HENRI LE CRUEL, fils de Fdéric Barberouſſe, Empereur d'Allemagne, hérita des Etats de ſon pere, & fut couronné à Rome, l'an 1190. Il avoit épouſé Conſtance, fille de Roger, Roi de Naples & de Sicile. Après la mort de ce Prince, Trancrede s'empara de ſon Royaume, où il ſe maintint juſqu'à ſa mort. Henri, après avoir réclamé en vain les droits de ſon épouſe, entra à main armée dans la Pouille, & y fit le dégât. Il fut obligé de ſe retirer après quelques ſuccès, laiſſant à Palerme l'Impératrice Conſtance qui fut livrée à Tancrede. Mais celui-ci étant venu à mourir,

Henri entra une seconde fois en Sicile, où il recouvra le patrimoine de la Reine sa femme. Ce fut alors qu'il donna des preuves de sa cruauté. Il fit enfermer dans une étroite prison Sybile, veuve de Tancrede, & cruellement arracher les yeux à son fils encore enfant. Rien ne fut à l'abri de sa barbarie. Il remplit Palerme de massacres & de l'horreur de ses crimes. Les Seigneurs qui avoient suivi le parti de Tancrede, ressentirent aussi les effets de sa fureur : il les sacrifia tous à son ressentiment. Tant d'actions barbares lui firent donner le surnom de Cruel qu'il n'avoit que trop bien mérité. Il s'attira l'excommunication du Pape, pour avoir distribué les biens de l'Eglise à ses partisans, & avoir arrêté prisonnier Richard, Roi d'Angleterre, comme il revenoit de la Terre - Sainte. Henri mourut à Meſſine, le 28 Septembre 1198.

EZZELIN.

EZZELIN, originaire d'Allemagne, naquit vers le treizieme siecle, dans un Village nommé Onara, faisant partie de la Marche-Trévisane. Il étoit fils d'Ezzelin, surnommé le Moine. Brûlant du desir de se signaler dans la guerre, il prit les armes en faveur des Gibelins à qui il rendit de grands services. Ensuite, fondant toutes ses espérances sur son courage, il résolut de s'élever à quelque prix que ce fût. Après quelques avantages remportés sur ses ennemis, cet homme entreprenant vint à bout de se rendre maître de Vérone, de Padoue & de quelques autres places d'Italie.

Il commit tant d'horreurs dans toutes ces Villes, & se rendit si odieux par ses violences, qu'il fit dire à quelques-uns, qu'il avoit été engendré par le démon. Les Temples, les Monasteres, tout devenoit la proie de ce Tyran furieux. Plein de mépris pour la Religion, il conféroit les Bénéfices & profanoit les choses les plus sacrées. Ce fut en vain que le Pape Innocent IV tenta de changer ce naturel. En vain il lança contre lui les foudres de l'Eglise, le Tyran s'en moqua, & continua toujours ses violences. Mais enfin, outrés de ses crimes & touchés de la misere de son Peuple, les Papes Grégoire IX & Alexandre IV firent prêcher une Croisade contre lui. Sur ces entrefaites arriva la révolte de Padoue. Ezzelin, à cette nouvelle,

entra dans une extrême fureur.
Il fit mourir, dans le défespoir
qui le tranfportoit, douze mille
des habitants de cette Ville, qu'il
avoit dans fes troupes. Saint-
Antoine, dit de Padoue, fut le
feul qui ofa le reprendre de fes
cruautés. Mais ce cœur impitoyable & endurci au crime, fans
daigner feulement lui répondre,
fit venir fes fatellites à qui il ordonna de tuer ce faint homme.
Un jour comme il alloit attaquer
la Ville de Milan, il fut pris par
les Princes de Lombardie qui
s'étoient ligués contre lui, &
mené à Soncino, où il mourut le
12 Octobre 1259, après avoir
exercé fa tyrannie plus de quarante ans.

CHARLES

CHARLES LE MAUVAIS.

LES fourberies & les cruautés de ce Prince lui ont fait donner à juste titre le surnom de Mauvais. Il étoit sans foi, sans honneur & sans religion, sacrifiant sans cesse à ses intérêts les loix les plus sacrées de l'amitié.

Charles étoit fils de Philippe, Comte d'Evreux, & de Jeanne fille du Roi de France, Louis X, dit Hutin. Il monta sur le Trône de Navarre, & fut couronné à Pampelune, en 1349. Ce Prince, d'un caractere naturellement porté au mal, troubla souvent l'Europe par ses complots & ses trahisons. Il divisa l'Angleterre & la France, & ne cessa de mettre entre ces deux Puiſſances des obſtacles invincibles de paix; il ne rougiſſoit pas de s'abaiſſer aux plus lâches ſoumiſſions, quand il les croyoit néceſſaires à ſes noirs deſſeins. Quelquefois il vendoit ſon alliance à un Roi, dans le même temps qu'il ſubornoit quelque domeſtique pour le faire empoiſonner : car lorſque ſes entrepriſes ne pouvoient réuſſir par la fourbe, il ne ſe faiſoit aucun ſcrupule d'employer le poiſon.

Le 6 Janvier de l'an 1353, il fit aſſaſſiner pendant la nuit Jean de la Cerda, Connétable de France, par des gens qui eſcaladerent le château de l'Aigle en Normandie. Il portoit depuis long temps envie au mérite de ce grand homme, dont il ſe délivra enfin par ſa mort.

Les malheurs qui déſolerent la

France sous le regne du Roi Jean, ouvrirent un champ libre à ses fourberies & à sa méchanceté. Lorsqu'il apprit que ce Prince avoit été fait prisonnier, il chercha à soulever le Peuple, & remplit la France de troubles & de divisions. Charles V, dit le Sage, fils & successeur de Jean I, fut long-temps l'objet de son aversion, parce que ce Prince n'étant encore que Dauphin, l'avoit fait prisonnier. Charles, ne pouvant digérer cet affront, employa contre lui tout ce que peuvent inventer de plus affreux la haine & la fureur : résolu de s'en défaire à quelque prix que ce fût, il gagna des gens pour le faire empoisonner ; mais la conspiration ayant été découverte, les coupables subirent la peine due à leurs crimes. Depuis il prit mieux ses

mesures, & fit donner à ce Prince
un poison lent dont il fut incom-
modé le reste de sa vie, & qui le
conduisit au tombeau. Ce détestable Prince, accoutumé aux crimes, voulut aussi faire empoisonner Gaston Phœbus, Comte
de Foix, son beau-frere. Ce fut
par le ministere même de Gaston,
fils du Comte, qui croyoit ne
donner à son pere qu'un philtre
amoureux pour faire rappeller
Agnès, sa mere, que le Comte
avoit répudiée. Néanmoins ce
jeune Prince fut accusé & mourut
en prison.

Le Ciel, lassé de tant de trahisons & de crimes, délivra enfin
la terre de ce monstre, en le
faisant périr dans les plus cruels
supplices. Charles, entiérement
perdu par l'excès de ses débauches & couvert d'une lepre hors

rible, ne sçavoit quel remede apporter à ses maux. Les Médecins
lui conseillerent de se faire en-
velopper dans des draps trempés
d'eau-de-vie. Un jour la personne à qui ce soin avoit été
confié, ne trouvant point sous sa
main d'instrument pour couper
le fil qui servoit à coudre les
enveloppes, elle en approcha
inconsidérément la chandelle, qui
mit tout-à-coup le feu aux langes
qui entouroient le Roi. Ce Prince
fut étouffé, après avoir souffert les
tourments les plus horribles.

H iij

PIERRE LE CRUEL.

PIERRE, dit le Cruel, Roi de Castille, prit en main les rênes de l'Empire, après la mort de son frere Alphonse XI, en 1350. A peine fut-il couronné, qu'à l'âge de seize ans il donna un échantillon de sa cruauté, en faisant égorger plusieurs Gentilshommes de son Royaume. L'année suivante, il épousa Blanche, fille de Pierre I, Duc de Bourbon. Mais trois jours après son mariage il la quitta, pour reprendre Marie de Padilla, qu'il entretenoit. Il épousa aussi Jeanne de Castro, qu'il répudia presqu'aussi-tôt. Outrés de ces procédés, les Grands du Royaume résolurent de s'en venger, & de mettre fin aux violences du Tyran. Henri & Frédéric, ses freres, qui s'étoient mis à la tête des mécontents, furent les chefs de la conjuration. Mais Pierre ne fut pas long-temps sans en avoir connoissance. Irrité de cette révolte, il immola à sa vengeance un grand nombre de Seigneurs, sans épargner même Frédéric, son frere, qui s'étoit rangé dans le devoir, ni deux enfants d'Arragon. Il les fit périr tous avec quantité de personnes illustres. Tant d'actions criminelles le rendirent exécrable aux yeux de tout le monde. Ses Sujets, lassés de lui obéir, prirent les armes contre lui, après avoir mis à leur tête Henri de Tristemare, son frere naturel : ce Prince prit d'abord Tolede avec le secours de Bertrand du Guesclin, & peu

après se rendit maître de presque
toute la Castille. Pierre, qui se
voyoit à la veille de perdre ses
Etats, n'agissoit plus qu'en déses-
péré ; il résolut de se faire Maho-
métan, pour attirer les Turcs dans
son parti. Mais il quitta bientôt ce
dessein pour en prendre un autre.
Il passa en Guyenne, implora le
secours des Anglois, l'obtint, &
se rétablit sur le Trône. Ce ne fut
pas pour long temps. Henri,
secouru par la France, & sur-tout
par le brave du Guesclin, le défit
dans une bataille, le 14 Mars 1369,
& le tua huit jours après.

MAHOMET II.

MAHOMET II, Empereur des Turcs, étoit fils d'Amurat II, auquel il succéda l'an 1430. Ce Prince naquit à Andrinople, le 24 Mars 1430. Il fut surnommé Bojuc, c'est-à-dire l'illustre. En effet Mahomet possédoit toutes les qualités nécessaires à un grand Prince. Bon politique, il sçut dissimuler son ressentiment. Il cultivoit les Sciences, sçavoit l'Astronomie, & parloit Grec, Latin & Persan. Mahomet, à tant de belles qualités, joignoit les agréments du corps : il régnoit dans toute sa personne un air de majesté qui inspiroit le respect & l'admiration. Mais ses cruautés

H v

jointes à ſes débauches, font bien diſparoître ce foible avantage.

Ce Prince ſans foi, ſans honneur & ſans probité, fit périr Etienne de Boſnie & le Prince de Mételin, contre la parole qu'il avoit donnée à David Comnêne. Draculex, frere du Prince de Walachie, fut obligé de lui donner un coup de poignard à la cuiſſe, pour ſe tirer des mains de cet infame qui vouloit le forcer.

Il ne fut pas plutôt parvenu à la Couronne, qu'il réſolut de faire la guerre aux Grecs ; ce qui lui fit entreprendre le ſiege de Conſtantinople. Après avoir fermé tous les endroits par où il prévit que les habitants pourroient recevoir du ſecours, il preſſa le ſiege ſi vigoureuſement, que la Ville fut obligée de ſe rendre le 19 Mars 1453. Il alla enſuite

mettre le siege devant Belgrade
que Huniade, chef des Hongrois,
le contraignit de lever. Il prît
Corynthe en 1458, & acheva
d'éteindre l'Empire des Grecs en
1467. Ce Prince fit trembler
l'Europe entiere, au bruit de ses
exploits. Douze Royaumes furent
soumis au pouvoir de ses armes,
& plus de deux cents Villes as-
servies sous ses loix en peu de
temps. Son regne fut signalé par
toutes sortes de victoires. Il étendit ses conquêtes jusqu'en Hon-
grie , & remplit la Bosnie, la
Perse & la Transsylvanie des horreurs de la guerre. Il se préparoit
à passer en Egypte, lorsque la
mort vint le surprendre près de
Nicomédie, dans une bourgade de
la Bithynie, le 3 Mai 1481, à l'âge
de trente-deux ans, après un regne
de trente & un ans, & au fort de ses

conquêtes. Prince courageux, prudent & magnanime même, s'il n'eut terni ses exploits par une cruauté inouie. Il fit un jour éventrer, en sa présence, quatorze de ses Pages, pour sçavoir lequel avoit mangé un melon que l'on avoit dérobé dans un jardin qu'il cultivoit ; & , chose qu'on ne peut lire sans horreur, il poussa la barbarie jusqu'à trancher lui-même la tête à une femme qu'on lui reprochoit de trop aimer.

CHRISTIERN II.

CHRISTIERN II, surnommé à juste titre le Cruel & le Tyran, commença d'abord à régner en Danemarck, l'an 1513. Si-tôt qu'il eut hérité des Etats de Jean son pere, il travailla à recouvrer le Groenland qui étoit du domaine de l'Empire, mais que ses prédécesseurs avoient perdu autrefois. Après plusieurs tentatives, voyant que ses efforts étoient inutiles, il tourna ses vues d'un autre côté. Il voulut ôter la Couronne à Sténon, Roi de Suede, & se faire élire en sa place. Pour y réussir, il équipa une flotte nombreuse avec laquelle il alla attaquer Stockolm. Mais ayant encore échoué dans cette entreprise, il fut obligé de lever le siege de cette Ville. Ainsi Christiern, regagnant ses Etats, se vit contraint d'abandonner ses projets de conquête. Ils se réveillerent néanmoins dans son cœur, & la mort de Sténon lui ayant enfin ouvert un chemin au Trône des Suédois, il saisit l'occasion favorable pour y monter. Il se rendit aussi-tôt en Suede, où il se fit reconnoître Roi de tout le pays.

Il oublia bientôt la promesse qu'il avoit faite à ses nouveaux Sujets de les traiter avec douceur : il agit envers eux d'une maniere si barbare, qu'on peut avec justice le mettre au nombre des Tyrans les plus odieux. Il ne se fut pas plutôt affermi sur le Trône de Suede, qu'il résolut de faire mourir les principaux Seigneurs, tant Ecclésiastiques, que Séculiers. Pour cela il les fit inviter à un festin auquel ils se rendirent sans défiance & sans soupçonner de trahison cette marque d'amitié & de bienveillance. Mais on ne fut pas long-temps sans les tirer de l'erreur où ils étoient. Tandis que l'on est à table, & que la joie qui regne d'ordinaire dans les festins égaye les esprits, on entend tout-à-coup un bruit terrible. En même temps une multitude d'Officiers Danois entre dans le Palais. Les uns s'emparent des avenues, les autres se jettent en foule, l'épée à la main, dans la salle du festin, où, par ordre du Roi, ils se saisissent de tous les convives. Le reste de la nuit fut employé à dresser des échaffauds devant la porte du palais, & si-tôt que le jour parut,

on y fit monter les Evêques de
Squargne & Stremgueur à qui
l'on trancha la tête. Les autres
Evêques, les Grands du Royaume, & le Sénat périrent de la
même sorte. On réserva un supplice plus cruel au Grand-Prieur
de Jérusalem. On l'attacha d'abord
à une Croix, ensuite on lui fendit
le ventre, d'où on lui arracha le
cœur encore tout palpitant.
Christiern le fit mourir de cette
maniere, parce que de tous les
Suédois, c'étoit lui qui avoit
montré le plus de zele pour sa
patrie.

Après qu'on eut rangé sur la
place les corps de ces malheureuses victimes, & mis leurs
têtes sur des piques plantées de
distance en distance, le Roi donna
le signal d'un nouveau massacre.
Les soldats aussi-tôt firent main

passe sur le Peuple qui étoit accouru pour voir l'exécution. Une partie fut impitoyablement massacrée, & l'autre qui avoit d'abord trouvé son salut dans la fuite, périt aussi le lendemain par la trahison du Tyran.

Pour empêcher que le bruit de tant de meurtres ne passât de la Capitale dans la Province, Christiern eut soin de placer des Corps-de-Gardes aux environs de Stockolm. Ensuite, voulant mettre le comble à ses crimes, par la plus noire des cruautés, il fit venir dans le port de cette Ville six Evêques qui n'étoient pas encore instruits de ce qui s'étoit passé. Il les attira, sous prétexte de leur communiquer une affaire importante. Ces Evêques qui le crurent sur sa parole, ne manquerent pas de se rendre au lieu deſtiné pour la conférence. Mais à peine y furent ils arrivés, que le Roi y fit mettre le feu, & qu'ils périrent miſérablement dans les flammes.

Cette barbarie qu'il ne pouvoit porter à un plus haut point, ſouleva contre lui les quatre Etats du Royaume. Le Clergé, la Nobleſſe, les Bourgeois & les Payſans prirent les armes, d'un commun accord : ils ſe choiſirent un chef & marcherent contre le Tyran. Effrayé à cette nouvelle, Chriſtiern prit la fuite ; il ſe ſauva en Danemarck, d'où ſes cruautés le firent chaſſer auſſi-tôt. On élut en ſa place Frédéric, Duc de Holſtein, ſon oncle. Le Roi fugitif ſe retira enſuite dans les Pays-Bas, & ne reparut qu'au bout de dix ans, après avoir mis les Hollandois dans ſes intéréts.

'Avec leur secours, il travailloit
à remonter sur le Trône, lorfqu'il fut pris & mené en prifon.
Il y demeura vingt-trois ans, &
mourut enfin dans la foixante-
dix-huitieme année de fon âge.

MAHOMET III.

MAHOMET III, fils d'Amurat II, monta sur le Trône, après la mort de son pere, l'an 1591 : il signala le commencement de son regne par des cruautés qui font horreur. Il fit égorger vingt & un de ses freres, & noyer dix femmes que son pere avoit laissées grosses. Ce Prince étoit aussi lâche que cruel, car il ne se trouva qu'une seule fois à la tête de ses troupes. Son indolence & son peu d'expérience dans le gouvernement furent cause que les Chrétiens lui prirent un grand nombre de places. Ils emporterent Strigonie, ayant à leur tête le Duc Mansfeld. Ensuite, sous le commandement du

Duc de Mercœur, ils s'emparerent d'Albe-Royale, en 1601.
La basse Ville de Bude leur
ouvrit ses portes. Enfin la Mol-
davie, la Walachie & la Transyl-
vanie furent affranchies du joug
des Ottomans.

La lâche Mahomet demanda en
vain la paix aux Princes Chrétiens, ils la lui refuserent. Il étoit
tellement plongé dans les débauches, que ni les désordres domestiques, ni les guerres étrangeres
ne purent jamais l'en tirer. Enfin
son indolence ayant lassé les Janis-
saires, ils en murmurerent au point,
que leur mécontentement alloit
dégénérer en révolte, si Mahomet
n'eut pris soin de les appaiser. Il
fut contraint de leur livrer ses
plus chers amis, & de bannir sa
mere qu'on croyoit être la cause
des malheurs de l'Etat. Ce Prince

sanguinaire fit ensuite étrangler l'aîné de ses fils, & sous prétexte que la Sultane sa mere avoit tramé contre ses jours, il la fit jeter dans la mer. Mahomet mourut de peste, à Constantinople, l'an 1603, après un regne de huit ans, & à la trente-neuvieme année de son âge.

Nous ne parlerons pas davantage de la cruauté des Princes Mahométans. On sçait que c'est une coutume chez eux, à leur avénement à la Couronne, d'ensanglanter le Trône par le meurtre de ceux qui pourroient y prétendre.

Fin de la premiere Partie.